Orathay Souksisavanh
Fotografías de Pierre Javelle

Curso de cocina

RECETAS ASIÁTICAS

Contenido

Salsas y condimentos esenciales

Si quieres iniciarte en la cocina asiática, necesitarás tener estos ingredientes en casa.

MISO BLANCO

Con él se prepara la sopa de miso, pero también los caldos de los fideos o se aliñan las verduras. De sabor suave y ligeramente dulce, es mucho más fácil de combinar que el oscuro, cuyo sabor es más pronunciado.

Conservación: una vez abierto, 8 meses en el frigorífico.

NUOC-MÂM

Esta salsa de pescado, originaria del sudeste asiático, se obtiene de la fermentación de las anchoas y otros peces pequeños. Asociada a la cocina vietnamita y tailandesa, se utiliza para aderezar platos, marinar preparaciones y preparar salsas.

Conservación: a temperatura ambiente si la usas con frecuencia o, una vez abierta, 1 año en el frigorífico.

SALSA DE OSTRAS

Con un toque ahumado, entre dulce y salado, no sabe para nada a ostras. Confiere a los platos salteados de la cocina china su característico sabor.

Conservación: una vez abierta, 1 año en el frigorífico.

SALSA DE SOJA SALADA Y DULCE

Originaria de China, se obtiene de la fermentación de las semillas de trigo y soja. Se puede utilizar también como sustituto de la sal o como base de las marinadas. La dulce la inventó la marca Kikkoman para cubrir la demanda de los restaurantes asiáticos en Francia.

Conservación: a temperatura ambiente.

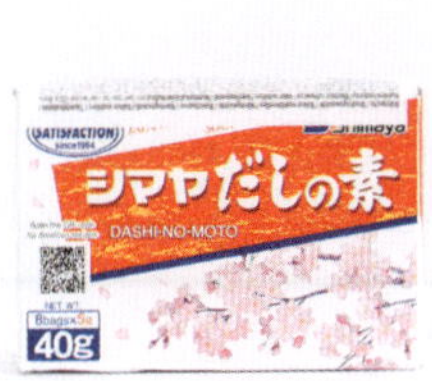

DASHI INSTANTÁNEO

Este caldo, base de la cocina japonesa, no se comercializa en pastillas sino en gránulos. Su sabor yodado (a base de algas y copos de bonito seco) añade a las sopas un profundo toque umami.

Conservación: a temperatura ambiente.

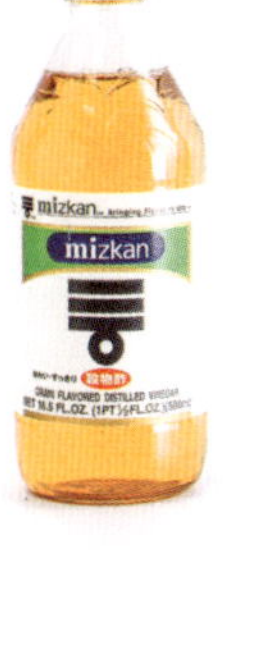

VINAGRE DE ARROZ

Se utiliza para equilibrar los sabores, sobre todo en las salsas agridulces. Se puede sustituir por vinagre de sidra o blanco.

Conservación: a temperatura ambiente.

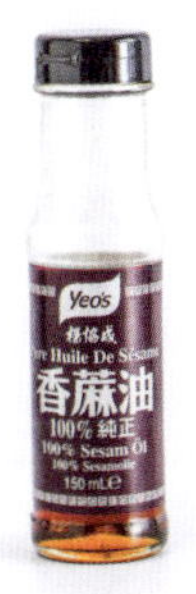

ACEITE DE SÉSAMO

Procedente de Japón, Singapur y Corea, se elabora a partir de las semillas de sésamo tostadas y prensadas. De sabor intenso, realza el sabor de los platos.

Conservación: una vez abierto, en el frigorífico.

CURRY TAILANDÉS (VERDE O ROJO)

Indispensable para preparar curry tailandés con leche de coco, pica tanto el verde como el rojo.

Conservación: una vez abierto, 2 años en el frigorífico.

Nivel avanzado

MIRIN

Condimento ligeramente dulce, con bajo contenido de alcohol, obtenido de la fermentación del arroz. Se utiliza en la cocina japonesa para endulzar y aderezar, así como en ciertas salsas (teriyaki).

CONCENTRADO DE TAMARINDO

Esta fruta, ácida o dulce según la temporada, es el ingrediente principal del auténtico pad thai de Tailandia.

SALSA PONZU

Salsa de soja mezclada con azúcar y zumo de cítricos (limón o, a veces, yuzu). Combinada con aceite de oliva, añade un delicioso sabor a las verduritas crudas y las ensaladas.

SALSA DE SOJA OSCURA

Más espesa, densa y dulce que la clara, aporta color a los platos y los hace más atractivos.

GOCHUJANG

Esta pasta de guindilla fermentada de origen coreano, pegajosa y picante, dulce y salada a la vez, es la base del bibimbap.

ACEITE PICANTE LAO GAN MA

Este popular condimento de origen chino, ligeramente picante y ahumado, se utiliza para potenciar el sabor de los platos o los caldos de los fideos.

SRIRACHA

Famosa salsa picante de origen tailandés que combina el sabor salado con el dulce y el avinagrado. Sirve para todo: salsear raviolis y fideos, condimentar mayonesas...

Los fideos y el arroz

Algunos de estos productos se deben rehidratar antes de usar. Lo más sencillo es sumergirlos en un recipiente con agua fría para manipularlos mejor.

Masa para gyozas
Arroz glutinoso (poner en remojo 4 h antes de la cocción)
Obleas de arroz (sumergir en agua 2 o 3 minutos)
Arroz japonés
Masa para wontons
Arroz tailandés

Verduras y especias

1. Setas oreja de Judas (rehidratar en agua fría 20 minutos)
2. Pak choi
3. Semillas de sésamo negro
4. Col china
5. Cilantro/Menta/Albahaca
6. Leche de coco
7. Semillas de sésamo blanco
8. Panko (pan rallado japonés o coreano)
9. Hoja de lima kaffir
10. Wakame
11. Guindilla roja
12. Citronela
13. Pasta de sésamo negro
14. Setas shiitake deshidratadas (rehidratar 1 hora)
15. Kimchi
16. Galanga
17. Tapioca
18. Edamame
19. Cebolleta o cebolla tierna
20. Brotes de soja verde
21. Jengibre
22. Hoja de alga nori

Los cortes de las verduras

Según la receta, se recomienda usar un tipo de corte determinado. Cada corte hará que la textura sea diferente, pero también el sabor.

EN BRUNOISE

Dados pequeños, de unos 0,5 cm

Corta cada verdura en 3 trozos y cada trozo por la mitad a lo largo. Coloca la parte plana sobre la tabla. Corta cada mitad en tiras y después cada tira por la mitad a lo largo para formar bastones. Para terminar, corta los bastones en dados.

EN BASTONES

Bastones de 0,5 cm de ancho

Corta cada verdura en 3 trozos y cada trozo por la mitad a lo largo. Coloca la parte plana sobre la tabla. Corta cada mitad en tiras y después cada tira por la mitad a lo largo para formar bastones.

EN JULIANA

Bastones muy finos, de 1 mm de ancho

Corta cada verdura por la mitad. Coloca la parte plana sobre la tabla. Corta cada mitad a lo largo en rodajas finas. Coloca varias rodajas unas encima de las otras y córtalas en tiras finas a lo largo.

EN PLUMA

Rodajas de 0,5 a 1 cm de grosor

Corta cada verdura por la mitad a lo largo. Coloca la parte plana sobre la tabla. Corta cada mitad a lo largo en rodajas finas.

PICADO

Dados pequeños (para cebollas y chalotas)

Corta la cebolla por la mitad a lo largo. Coloca la parte plana sobre la tabla. Córtala en rodajas finas a lo largo, pero sin llegar a cortarla del todo. Gira la cebolla un cuarto de vuelta y hazle 3 cortes horizontales. Después, córtala en dados pequeños.

LA CITRONELA

Córtale los dos extremos, más duros, y deséchalos. A continuación, córtala en rodajas al bies para que libere mejor su sabor. Otra manera de conseguirlo es cortarla en 3 trozos y golpearlos con un tarro de cristal o la lama de un cuchillo grande. Añade la citronela a tus caldos o curries y congela la que te sobre.

El cilantro

En la cocina asiática, las hierbas aromáticas son muy importantes, sobre todo el cilantro. Se utiliza en muchas recetas, esparcido por encima al final. Intenta comprarlo fresco, para que conserve todo su sabor. Lávalo bien y separa las hojas antes de usarlo.

Arroz cocido

5 min

25 min

500 g de arroz japonés
600 ml de agua fría
-
500 g de arroz tailandés
650 ml de agua fría

1 Lava el arroz dos veces en agua fría, frotándolo entre las manos, así eliminarás el exceso de almidón.

2 Escurre el arroz.

3 Coloca el arroz escurrido en una cazuela o un cazo. Vierte el agua.

4 Tápalo y llévalo a ebullición a fuego medio (tiene que hervir suave). Baja el fuego y cuécelo hasta que el agua se haya evaporado, unos 10 minutos. A continuación, baja el fuego al mínimo y déjalo reposar 15 minutos, tapado.

CÓMO ELEGIR EL ARROZ
El arroz japonés, redondo y rico en almidón, es ligeramente pegajoso cuando se cuece. Su textura lo hace perfecto para los makis.
El arroz tailandés es más largo y su textura más ligera y menos pegajosa. Resulta ideal para los salteados.

Arroz glutinoso

4 h

30 min

500 g de arroz glutinoso

1 Pon en remojo el arroz en agua fría 4 horas.

2 Escurre el arroz y colócalo en una cesta de bambú forrada con un paño fino, cubriéndolo. Tapa la cesta y cuécelo 30 minutos.

3 Cúbrelo con el paño para mantenerlo caliente y evitar que se forme una costra.

Para conservar su textura, suave y pegajosa, mantenlo caliente en una cesta de bambú o cubierto con un paño de cocina.

Encurtidos vegetales

ZANAHORIAS ENCURTIDAS

500 g de zanahorias
1 cdta. de sal
100 ml de vinagre de arroz o blanco
40 g de azúcar blanco

COL LOMBARDA ENCURTIDA

500 g de col lombarda
1 cdta. de sal
100 ml de vinagre de arroz o blanco
40 g de azúcar blanco

PEPINO ENCURTIDO

1 pepino grande
1 cdta. de sal
100 ml de vinagre de arroz o blanco
40 g de azúcar blanco

JENGIBRE ENCURTIDO

120 g de jengibre
1 cdta. de sal
100 ml de vinagre de arroz o blanco
40 g de azúcar blanco

1 Ralla la zanahoria. Corta la col lo más fina posible. Corta el pepino en dados pequeños. Pica el jengibre.

2 Mezcla las verduras con su condimento.

3 Utilízalas a continuación o guárdalas en un tarro en el frigorífico (hasta 1 semana).

Consejo

Para darles un toque especial, añade:

- 15 g de jengibre cortado en tiras
- 1 cdta. de semillas de cilantro chafadas gruesas
- 1 guindilla roja picada
- 1 cdta. de semillas de comino

Las salsas

SALSA NUOC CHAM

30 g de azúcar blanco
3 cdas. de nuoc-mâm
El zumo de 2 limas
½ cdta. de sal
1 diente de ajo grande picado fino
1 guindilla picada

Mezcla todos los ingredientes.

Es perfecta para untar nems, rollitos de primavera, bo bun o raviolis vietnamitas y para aliñar la ensalada asiática.

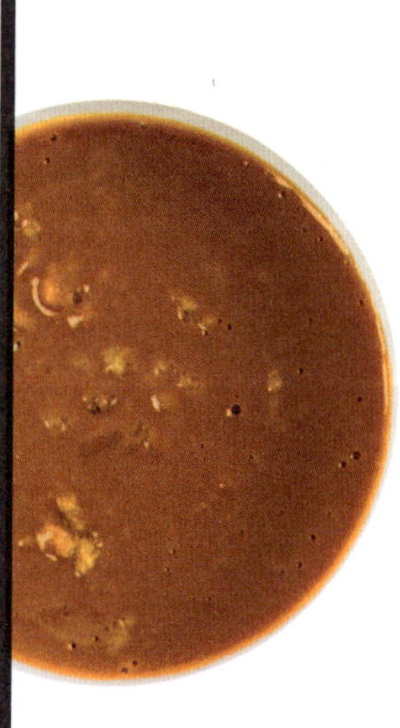

SALSA DE CACAHUETE Y JENGIBRE

50 g de mantequilla de cacahuete
4 cdas. de salsa de soja dulce
El zumo de 1 limón mediano
1 diente de ajo picado
10 g de jengibre rallado

Mezcla todos los ingredientes.

Si está demasiado espesa, dilúyela con 4 cucharadas de agua caliente. Si te gusta que pique, prueba a añadirle guindilla picada o molida.

Sirve para acompañar los rollitos de primavera y aliñar las ensaladas de fideos o de verduritas crudas.

SALSA GOCHUJANG

1 cda. colmada de gochujang (pasta de guindilla coreana)
2 cdas. de salsa de soja dulce
2 cdas. de vinagre de arroz
½ cdta. de semillas de sésamo tostadas

Mezcla todos los ingredientes con unas varillas.

Si está demasiado espesa, dilúyela con 2 cucharadas de agua caliente.

Se utiliza para aliñar el bibimbap, pero también las ensaladas de fideos soba con verduritas crudas o acompañar las jumeokbap (bolitas de arroz coreanas, p. 62).

MAYONESA

1 yema de huevo
1 cdta. de mostaza fuerte
1 cdta. de vinagre de vino o de arroz
150 ml de aceite de girasol
Sal y pimienta

En un bol, bate la yema con la mostaza y el vinagre con unas varillas. Vierte un poquito de aceite y sigue batiéndola. Cuando haya absorbido todo el aceite, añade un poco más de aceite y bátela de nuevo. Continúa así, asegurándote de que el aceite se haya incorporado por completo antes de añadir más. Sazónala al gusto.

Para darle un toque personal, agrega cilantro picado, ralladura de lima, salsa picante (sriracha)...

Sopa de miso

4

10 min

2 min

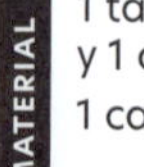

MATERIAL

1 tabla de cortar y 1 cuchillo

1 cazuela o 1 cazo grande

INGREDIENTES

1 puerro

125 g de champiñones portobello (6-8)

125 g de tofu firme

1 sobre de dashi (6 g) o 1 pastilla de caldo vegetal

1 cda. colmada de alga wakame deshidratada

60 g de miso blanco

1 Limpia los puerros y los champiñones. Córtalos en rodajas finas. Corta el tofu en dados.

2 Lleva a ebullición el dashi y 1,5 litros de agua en una cazuela. Agrega el puerro, los champiñones, el tofu y el alga wakame. Cuécelo 2 minutos a fuego vivo.

3

Retira la sopa del fuego. Disuelve el miso en una jarra con un poco del caldo, añádelo a la sopa y remuévela bien. Sírvela enseguida.

¡Prueba otras combinaciones! Añádele calabaza, apio o setas de ostra.

Sopa de huevo

2

10 min

15 min

MATERIAL

1 tabla de cortar y 1 cuchillo
1 cazuela

INGREDIENTES

- 2 dientes de ajo grandes
- ½ cebolla
- 2 tomates muy maduros
- 2 cebolletas o cebollas tiernas
- 6 ramitas de cilantro
- 3 huevos
- 1 ½ cdtas. de azúcar blanco
- 3 cdas. de salsa de soja
- 800 ml de caldo de pollo o de verduras
- 2 cdas. de aceite vegetal
- Pimienta

1 Pela el ajo y la cebolla. Pica el ajo. Corta la cebolla en tiras finas y los tomates en cuartos.

2 Pica fina la cebolleta. Corta el cilantro en trozos grandes. Bate los huevos en un bol y sazónalos con pimienta.

3 Dora el ajo y la cebolla con un poco de aceite. Añade el tomate, el azúcar y la salsa de soja. Sazónalo con pimienta. Sofríelo 2 minutos. Vierte el caldo diluido con agua y llévalo a ebullición. Cuécelo 10 minutos a fuego medio.

4 Vierte los huevos batidos despacio, sin dejar de remover la sopa. Pruébala y rectifica la sazón si es necesario. Sírvela con cebolleta y cilantro esparcidos por encima.

Sopa de pollo y coco

4

10 min

15 min

MATERIAL

1 tabla de cortar y 1 cuchillo

1 cazuela o 1 cazo grande

INGREDIENTES

- 250 g de pechuga de pollo
- 250 g de champiñones portobello
- 40 g de galanga
- 2 tallos de citronela
- 12 hojas de lima kaffir (opcional)
- 1 cda. de azúcar moreno
- 3 cdas. de nuoc-mâm
- 300 ml de leche de coco
- 2 limas ecológicas
- 1 guindilla roja (opcional)
- 6 ramitas de cilantro (opcional)
- Sal

1 Corta la pechuga de pollo en trozos del mismo tamaño. Sazónalos con sal.

2 Lava los champiñones y la galanga y córtalos en rodajas. Corta la citronela al bies.

3 Calienta 500 ml de agua en una cazuela. Añade la citronela, la galanga y las hojas de lima kaffir. Cuécelas 10 minutos a fuego lento para que infusionen.

4 Agrega el azúcar, el nuoc-mâm y la leche de coco. Llévalo todo a ebullición. Añade el pollo y los champiñones y cuece la sopa 5 minutos. Retira la galanga y la citronela.

Antes de servirla, condiméntala con el cilantro, la ralladura y el zumo de lima y la guindilla roja

Ensalada asiática

4

10 min

12 min

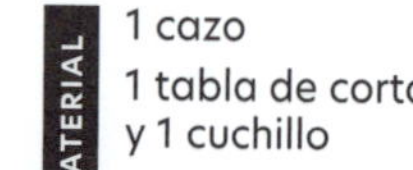

MATERIAL

1 cazo
1 tabla de cortar y 1 cuchillo

INGREDIENTES

250 g de pechuga de pollo
6 ramitas de menta
½ manojo de cilantro
3 cebolletas
200 g de col china
2 zanahorias
125 g de brotes de soja verde
Salsa nuoc cham (p. 20)
5 cdas. de cacahuetes tostados salados y picados
3 cdas. de cebolla frita
Sal

1 Pon agua con sal a hervir. Añade el pollo y cuécelo 2 minutos. Tápalo y apaga el fuego. Déjalo reposar 10 minutos.

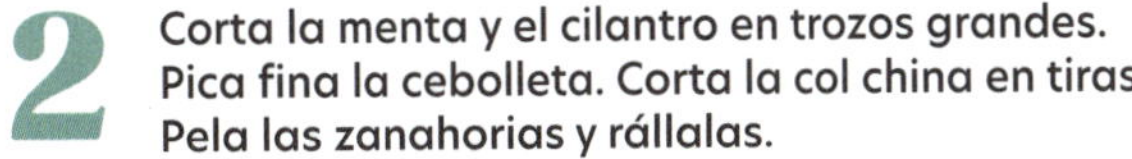

2 Corta la menta y el cilantro en trozos grandes. Pica fina la cebolleta. Corta la col china en tiras. Pela las zanahorias y rállalas.

3 Escurre el pollo y desmenúzalo con la mano.

4 En un bol, mezcla la zanahoria con la col, los brotes de soja verde, el pollo y la salsa nuoc cham. Esparce las hierbas aromáticas, la cebolleta, los cacahuetes y la cebolla frita.

Ensalada japonesa

4

10 min

MATERIAL

1 tabla de cortar y 1 cuchillo
1 mandolina o 1 pelador de verduras

INGREDIENTES

¼ de repollo (unos 400 g)

⅓ de pepino

1 cda. colmada de semillas de sésamo tostadas

Salsa

3 cdas. de mayonesa

1 cda. rasa de azúcar blanco

5 cdas. de vinagre de arroz o blanco

1 cda. de aceite de sésamo

1 En un bol, mezcla el azúcar con el vinagre, la mayonesa y el aceite.

2 Corta el repollo muy fino (si puede ser con una mandolina o un pelador de verduras). Corta el pepino por la mitad y después en rodajas.

3

Mezcla el repollo con la salsa en un bol. Pruébalo y rectifica la sazón si es necesario.

4

Sirve la ensalada en boles. Esparce las semillas de sésamo por encima y coloca el pepino en un lado.

¡Prueba a hacerla con zanahorias y col china!

Ensaladilla japonesa

4

20 min

25 min

MATERIAL

1 tabla de cortar y 1 cuchillo
1 cazuela
1 escurridor

INGREDIENTES

600 g de patatas de carne firme
1 cebolla morada
½ pepino
6 cdas. de mayonesa (p. 21)
5 cdas. de vinagre de arroz
Sal y pimienta

1 Pela las patatas y córtalas en dados. Corta la cebolla pelada y el pepino en rodajas finas.

2 Pon las patatas en una cazuela con agua fría con sal. Llévalas a ebullición y cuécelas 25 minutos. Escúrrelas y cháfalas ligeramente con un tenedor. Déjalas que se enfríen.

3 Coloca el pepino y la cebolla en un escurridor, sazónalos con sal, mézclalos bien y déjalos escurrir 15 minutos. Estrújalos con las manos, por partes, para eliminar toda el agua.

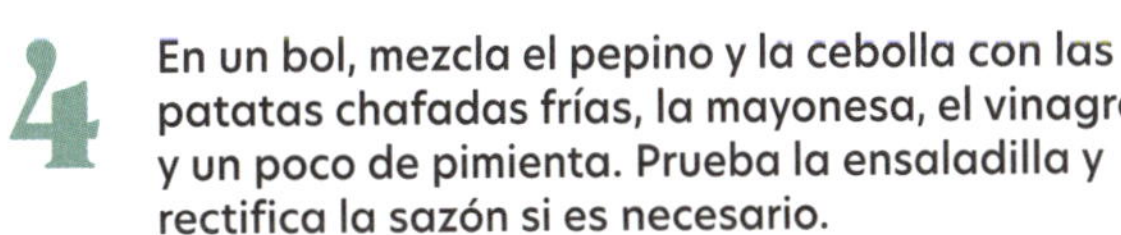

4 En un bol, mezcla el pepino y la cebolla con las patatas chafadas frías, la mayonesa, el vinagre y un poco de pimienta. Prueba la ensaladilla y rectifica la sazón si es necesario.

Ensalada de pollo y piña

4

15 min

8 min

MATERIAL
1 sartén
1 tabla de cortar y 1 cuchillo

INGREDIENTES

300 g de pechuga de pollo
2 cdas. de aceite vegetal
1 chalota
25 g de jengibre fresco
½ manojo de menta
1 piña pelada
1 cdta. rasa de azúcar blanco
2 cdas. de nuoc-mâm
120 g de anacardos tostados
Sal y pimienta

1 Sazona el pollo con sal y pimienta. Calienta el aceite en una sartén a fuego medio y dóralo unos 4 minutos por cada lado.

2 Cuando ya no queme, córtalo en tiras.

3 Pela la chalota y córtala en tiras finas. Corta del mismo modo el jengibre. Corta las hojas de menta en trozos grandes. Corta la piña en cuartos, a lo largo, y después en trozos.

4 Mezcla la piña con el jengibre, la chalota, el pollo, el azúcar y el nuoc-mâm. Esparce la menta picada y los anacardos justo antes de servirla.

Tortitas coreanas

4

20 min

6 min

MATERIAL

1 tabla de cortar y 1 cuchillo
1 sartén
1 varillas

INGREDIENTES

1 zanahoria mediana (150 g)
1 calabacín mediano (150 g)
½ pimiento rojo
4 cdas. de aceite vegetal

Masa

120 g de harina
1 cdta. de levadura en polvo
60 g de maicena
1 cdta. de azúcar blanco
1 cdta. de sal
Pimienta

Salsa

3 cdas. de salsa de soja dulce
2 cdas. de vinagre de arroz o blanco
½ cdta. de semillas de sésamo tostadas

1 Pela la zanahoria. Corta la zanahoria y el calabacín en bastoncitos finos. Retira el tallo y las venas del pimiento y córtalo en tiras.

2 Mezcla la harina con la levadura, la maicena, el azúcar y la sal. Vierte 250 ml de agua fría y remuévelo con unas varillas. Sazona con pimienta.

3 Añade las verduras y remuévelo bien. En un bol, mezcla todos los ingredientes de la salsa.

Calienta el aceite en una sartén a fuego medio. Coloca montoncitos de la masa con una cuchara. Dora las tortitas 3 minutos por cada lado.

Otras tortitas

4

20 min

10 min

MATERIAL
1 tabla de cortar y 1 cuchillo
1 sartén grande
1 varillas

Tortitas de puerros, champiñones y beicon

8 lonchas finas de beicon ahumado • 1 puerro, cortado en aros muy finos • 150 g de champiñones portobello en láminas finas
Aceite vegetal

Prepara la masa en un bol. Añade las verduras y remuévelo bien. Calienta una sartén (de 24 cm de diámetro) a fuego medio con 2 cucharadas de aceite y añade 4 lonchas de beicon ahumado. Vierte la mitad de la masa y extiéndela con una cuchara hasta obtener una tortita del tamaño de la sartén. Fríela unos 5 minutos. Comprueba que la parte inferior se ha dorado y dale la vuelta como si fuera una crepe. Añade un poco de aceite y fríela otros 4 o 5 minutos. Sírvela cortada en cuadrados.

Tortitas de kimchi (kimchijeon)

250 g de kimchi cortado en trozos • Aceite vegetal

Prepara la masa en un bol. Añade el kimchi escurrido y remuévelo. Calienta una sartén a fuego medio con 4 cucharadas de aceite. Coloca montoncitos de la masa con una cuchara. Fríe las tortitas unos 3 minutos por cada lado, hasta que se doren bien. Repite la operación hasta terminar la masa y añade más aceite si es necesario.

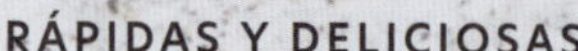

Huevos marinados

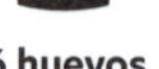
6 huevos

15 min

6 min

MATERIAL

1 tabla de cortar y 1 cuchillo
1 cazo
1 tarro

INGREDIENTES

6 huevos medianos

Marinada
2 dientes de ajo
1 cebolla morada pequeña
20 g de jengibre fresco
100 ml de agua o de dashi
100 ml de salsa de soja
25 g de azúcar moreno
50 ml de mirin

1 Pela la cebolla y el jengibre. Pícalos y prensa el ajo.

2 En un cazo, mezcla los ingredientes de la marinada. Deja que cuezan 2 minutos.

2 min

FUEGO MEDIO

3 Lleva a ebullición una cazuela con agua. Cuece los huevos 6 minutos. Enfríalos con agua muy fría y pélalos.

4 Introdúcelos en un tarro y cúbrelos con la marinada. Guárdalos de 24 a 72 horas (no más de 4 días) en el frigorífico.

Para colorear los huevos, añade 1 cucharada de salsa de soja oscura.

Gambas rebozadas

4-6

10 min

1 min

MATERIAL
1 varillas
1 cazo o 1 wok
Papel de cocina

INGREDIENTES

18 gambas crudas
1 l de aceite para freír

Rebozado
100 g de harina
50 g de fécula de patata
1 sobre de levadura en polvo
½ cdta. de sal
Pimienta

1 En un bol, mezcla la harina con la maicena, la levadura y la sal. Añade abundante pimienta. Vierte 150 ml de agua muy fría mientras remueves la masa con unas varillas. Refrigérala 15 minutos.

2 Calienta el aceite para freír en un cazo o un wok a 180 °C. Prepara las gambas. Pélalas y retírales el hilo negro. Rebózalas con la masa y échalas en el aceite.

3

Fríelas 30 segundos por cada lado.

4

Cuando estén bien doradas, déjalas escurrir sobre papel de cocina.

¡Sirve las gambas con la salsa que quieras!

Nems de pollo

4

45 min

8 min

MATERIAL

1 picadora eléctrica
1 tabla de cortar y 1 cuchillo
1 rallador
1 paño húmedo
1 freidora o 1 sartén

INGREDIENTES

18 obleas de arroz de 18 cm
350 g de pechuga de pollo
10 g de setas oreja de Judas rehidratadas (p. 12)
25 g de fideos de soja verde rehidratados (p. 10)
1 zanahoria
1 huevo
½ cebolla
1 cdta. de maicena
½ cdta. de pimienta
1 cdta. rasa de azúcar blanco
1 cdta. rasa de sal
1 l de aceite para freír

Acompañamiento

1 lechuga pequeña
1 manojo de menta
1 manojo de cilantro
Salsa nuoc cham (p. 20)

1 Corta el pollo en trozos y pícalo con las setas rehidratadas.

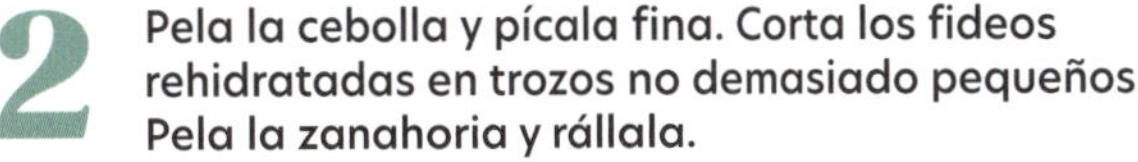

2 Pela la cebolla y pícala fina. Corta los fideos rehidratadas en trozos no demasiado pequeños. Pela la zanahoria y rállala.

3

En un bol, mezcla el relleno de pollo y setas con la cebolla, la zanahoria, los fideos, el huevo, la maicena, la pimienta, el azúcar y la sal.

Otros rellenos:

- Verduras: elimina la maicena y el huevo y sustituye el pollo por 500 g de repollo picado.
- Cerdo con gambas: sustituye el pollo por 200 g de carne picada de cerdo y 150 g de gambas crudas descongeladas.

Remoja 1 oblea en agua fría. Colócala sobre un paño húmedo. Añade 1 cucharada del relleno en la base, a unos 3 cm del borde inferior. Dóblalo por encima del relleno. A continuación, dobla los dos lados de la oblea. Enrolla el nem sobre sí mismo de abajo arriba, apretándolo. Resérvalo sobre un paño de cocina.

8 min

175 °C

Calienta el aceite a 175 °C en una freidora o una sartén. Fríe los nems unos 8 minutos, hasta que se doren. Hazlos por tandas. Si se pegan entre sí, no los toques. Se despegarán muy fácil cuando estén hechos. Déjalos escurrir sobre papel de cocina. Sírvelos con la lechuga y las hierbas aromáticas y úntalos en la salsa.

Para que estén muy crujientes, prepáralos con antelación y fríelos en 2 tandas. Fríelos primero durante 5 minutos sin que se doren. Escúrrelos, déjalos enfriar y resérvalos en el frigorífico si es necesario. Cuando los vayas a servir, fríelos de nuevo.

Rollitos de primavera

2-4

40 min

10 min

MATERIAL

1 cazo
1 tabla de cortar y 1 cuchillo
1 paño húmedo

INGREDIENTES

250 g de pechuga de pollo
250 g de brotes de soja verde
1 cogollo de lechuga
6 ramitas de menta
8 ramitas de cilantro
6 ramitas de albahaca tailandesa (opcional)
12 gambas pequeñas peladas
8 obleas de arroz de 22 cm
Salsa de cacahuete y jengibre (p. 20)

12 min

FUEGO MEDIO

1

En un cazo, lleva agua con sal a ebullición. Añade el pollo y cuécelo 2 minutos. Tápalo y apaga el fuego. Deja que repose 10 minutos y escúrrelo. Déjalo que se enfríe un poco.

2

Vierte agua hirviendo sobre los brotes de soja verde. Déjalos en remojo 15 segundos y escúrrelos.

3

Lava la lechuga y las hierbas aromáticas. Separa las hojas de la lechuga y de las hierbas aromáticas.

4

Corta el pollo templado en tiras y las gambas por la mitad a lo largo.

5

Remoja 1 oblea en agua fría. Colócala sobre un paño húmedo.

6

Coloca una hoja de lechuga en la base de la oblea, a 2 cm del borde inferior. Pon un puñadito de brotes de soja verde encima, junto con 2 tiras de pollo. Añade al lado las hierbas aromáticas y 3 mitades de gambas.

7

Dobla los lados de la tortita hacia arriba y enróllala de abajo arriba, presionándola bien. Reserva el rollito sobre un paño húmedo.

Sírvelos con salsa de cacahuete y jengibre (p. 20).

Raviolis vietnamitas

2-4 | 35 min | 10 min

MATERIAL

- 1 tabla de cortar y 1 cuchillo
- 1 sartén
- 1 cesta de bambú

INGREDIENTES

- 16 obleas de arroz de 16 cm
- 20 g de setas oreja de Judas rehidratadas (p. 12)
- 1 cebolla
- 300 g de carne picada de cerdo
- 2 cdas. de aceite vegetal
- 1 pizca de azúcar blanco
- ½ cdta. de sal
- ½ cdta. de pimienta molida

Acompañamiento

- 60 g de brotes de soja verde
- 3 ramitas de menta
- 4 ramitas de cilantro
- 2 cdas. colmadas de cebolla frita
- 3 ramitas de albahaca tailandesa (opcional)
- Salsa nuoc cham (p. 20)

1 Pela la cebolla y córtala en dados pequeños. Pica las setas rehidratadas con un cuchillo.

2 En una sartén, sofríe la cebolla en el aceite 1 minuto. Añade la carne de cerdo, las setas, el azúcar, la sal y la pimienta. Remuévelo bien para separar la carne. Sofríelo 4 minutos.

3 Remoja 1 oblea en agua fría. Colócala sobre un paño húmedo. Pon una cucharada generosa del relleno en el centro de la oblea hasta llegar a los bordes. Enróllala de abajo arriba. Coloca los rollitos en un plato sin apretarlos demasiado.

Introduce el plato en una cesta de bambú y cuécelos 5 minutos. Sírvelos con los brotes de soja verde, las hojas de menta, cilantro y albahaca, la cebolla frita y la salsa nuoc cham.

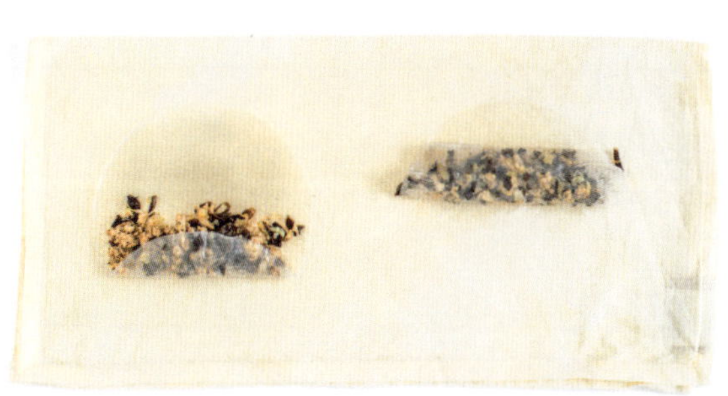

Pizza vietnamita

2

5 min

10 min

MATERIAL

- 1 tabla de cortar y 1 cuchillo
- 1 varillas
- 1 sartén

INGREDIENTES

- 2 huevos
- ½ cdta. de azúcar blanco
- 1 cdta. de nuoc-mâm
- 2 cebolletas
- 100 g de beicon en tiras
- 2 obleas de arroz de 22 cm
- Mayonesa (p. 21)
- Salsa sriracha u otra salsa picante

1 En un bol, bate los huevos con el azúcar y el nuoc-mâm. Añade la cebolleta picada fina.

En una sartén, dora el beicon a fuego medio unos 5 minutos. Resérvalo en un bol y limpia la sartén.

3

Coloca 1 oblea en la sartén (sin aceite). Vierte encima la mitad de los huevos batidos y la mitad del beicon. Fríelo 5 minutos a fuego medio, hasta que los huevos se hagan y la oblea esté crujiente.

4

Pasa la pizza a un plato. Salséala con la mayonesa y la salsa picante en forma de zigzag. Sírvela enseguida.

Bocadillo banh mi

2

30 min

6 min

MATERIAL

1 rallador fino
1 prensa ajos
1 sartén
1 tabla de cortar y 1 cuchillo

INGREDIENTES

2 chuletas de cerdo sin hueso, de 200 g cada una

4 cdas. de aceite vegetal

⅓ de pepino

1 guindilla roja (opcional)

4 cdas. de mayonesa (p. 21)

250 g de col o zanahorias encurtidas (p. 18)

8 ramitas de cilantro

3 ramitas de albahaca tailandesa (opcional)

1 baguette

Marinada

15 g de jengibre fresco rallado

2 dientes de ajo picados

⅓ de cdta. de sal

1 cda. de azúcar moreno

1 cda. de nuoc-mâm

Pimienta

1 Mezcla los ingredientes de la marinada en un bol. Sazónala con pimienta, añade las chuletas de cerdo y masajéalas con la marinada. Déjalas que reposen 20 minutos a temperatura ambiente.

2 Calienta el aceite en una sartén y fríe la carne a fuego medio unos 3 minutos por cada lado.

3 Corta el pepino y la guindilla en láminas finas y la carne en tiras.

4 Corta la baguette por la mitad. Unta una mitad con mayonesa y reparte la carne, los encurtidos, el pepino, la guindilla y las hierbas aromáticas.

Arroz cantonés

4 · 15 min · 8 min

MATERIAL
1 tabla de cortar y 1 cuchillo
1 wok

INGREDIENTES
- 500 g de arroz tailandés frío del día anterior (aprox. 280 g crudo, p. 16)
- 4 lonchas de jamón cocido (150 g)
- 1 cebolla pequeña
- 2 cdas. de salsa de ostras
- 2 cdas. de salsa de soja
- 1 cdta. rasa de azúcar blanco
- Pimienta
- 4 huevos
- 150 g de guisantes congelados
- 5 cdas. de aceite vegetal

1 Corta el jamón en cuadraditos y la cebolla en dados pequeños.

2 Condimenta el arroz con las salsas y el azúcar. Mézclalo con las manos para que se suelten los granos de arroz.

3 Calienta el aceite en un wok a fuego medio. Casca los huevos y fríelos 2 minutos antes de removerlos. Resérvalos en un bol.

4 Vierte el aceite restante y saltea la cebolla 1 minuto. Añade el arroz y los guisantes y saltéalo 4 minutos a fuego vivo, removiéndolo. Agrega los huevos y el jamón, remueve y sirve.

Arroces salteados

4

25 min

8 min

1 tabla de cortar y 1 cuchillo
1 sartén

Arroz de verduras

500 g de arroz tailandés frío del día anterior (aprox. 280 g crudo, p. 21)
2 cdas. de salsa de ostras o de salsa vegetariana • 3 cdas. de salsa de soja • 1 cdta. rasa de azúcar • Pimienta • 5 cdas. de aceite vegetal
1 cebolla picada • 3 dientes de ajo picados • 20 g de jengibre picado
2 zanahorias cortadas en dados • 1 calabacín cortado en dados
4 ramitos de brócoli cortados en cuartos • ½ pimiento rojo cortado en dados • 150 g de edamame congelado cocido 1 minuto en agua con sal

Condimenta el arroz frío con las salsas y el azúcar. Sazónalo con pimienta. Mézclalo con las manos para que se suelten los granos de arroz. Calienta el aceite en una sartén a fuego medio y sofríe la cebolla, el ajo, el jengibre y la zanahoria 1 minuto. Añade el resto de las verduras y sofríelas, removiéndolas, 2 minutos. Agrega el arroz y el edamame. Remuévelo bien. Sofríelo 2 o 3 minutos a fuego vivo, removiéndolo constantemente. El arroz debe estar caliente y ligeramente dorado.

Arroz con salchichas, puerros y huevo

500 g de arroz tailandés frío del día anterior (aprox. 280 g crudo, p. 21) • 1 cda. de salsa de ostras • 1 cda. de salsa de soja • 1 cdta. rasa de azúcar blanco • Pimienta • 3 huevos • 1 cebolla cortada en dados • 300 g de salchicha de cerdo ahumada cortada en dados • 3 dientes de ajo picados • 1 puerro cortado en rodajas finas • 5 cdas. de aceite vegetal

Condimenta el arroz frío con las salsas y el azúcar. Sazónalo con pimienta. Mézclalo con las manos para que se suelten los granos de arroz. Calienta 1 cucharada de aceite en una sartén. Prepara los huevos como en la receta del arroz cantonés (paso 3). Resérvalos. Vierte el aceite restante y sofríe la cebolla, la salchicha, el ajo y el puerro 2 minutos, removiéndolos constantemente. Añade el arroz y los huevos y sofríelo 2 o 3 minutos a fuego vivo. El arroz debe estar caliente y ligeramente dorado.

Jumeokbap coreanas

2-4

35 min

2 min

MATERIAL

1 tabla de cortar y 1 cuchillo
1 prensa ajos
1 sartén

INGREDIENTES

2 zanahorias
100 g de brócoli
2 dientes de ajo
2 hojas de alga nori
2 cdas. de salsa de soja dulce
400 g de arroz japonés templado (p. 16)
2 cdas. de semillas de sésamo tostadas
Cayena molida (opcional)
2 cdas. de aceite de sésamo
Sal

1 Pela las zanahorias y córtalas en dados pequeños. Corta el brócoli en trozos muy pequeños. Prensa el ajo y parte el alga en trozos pequeños.

2 Calienta el aceite en una sartén. Sofríe la zanahoria y el ajo 1 minuto. Añade la salsa de soja y el brócoli.

3 En un bol, mezcla el arroz con las verduras, las semillas de sésamo, la cayena y el alga.

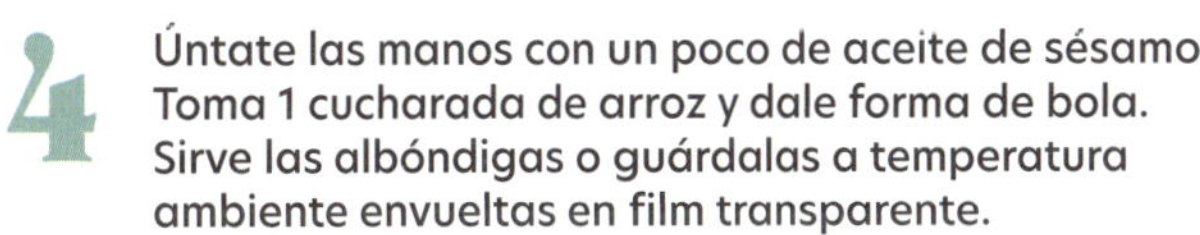

4 Úntate las manos con un poco de aceite de sésamo. Toma 1 cucharada de arroz y dale forma de bola. Sirve las albóndigas o guárdalas a temperatura ambiente envueltas en film transparente.

También se pueden envolver con una hoja de lechuga y untarse en salsa gochujang.

Maki salmón -pepino

4

35 min

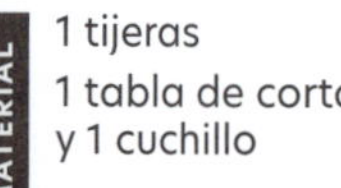

MATERIAL

1 tijeras
1 tabla de cortar y 1 cuchillo

INGREDIENTES

3 hojas de alga nori
½ pepino
6 lonchas de salmón ahumado
500 g de arroz japonés templado (p. 16)
Salsa de soja salada o dulce
Jengibre encurtido

1 Corta las hojas de alga en cuartos para obtener 12 cuadrados del mismo tamaño.

2 Corta el pepino en bastones más bien finos del mismo tamaño que los cuadrados de alga. Corta el salmón en tiras finas.

Enróllalos de abajo arriba, apretándolos bien

3

Con los dedos, extiende 1 cucharada de arroz (40 g) sobre un cuadrado de alga, dejando un borde de 1 cm en la parte superior. Coloca 1 trozo de pepino y 2 o 3 tiras de salmón en la parte inferior.

4

Prepara así 12 rollitos. Córtalos en 2 o 3 trozos con un cuchillo afilado. Sírvelos con salsa de soja y jengibre encurtido.

Si el arroz se te pega a los dedos, remójalos con un poco de agua fría.

Bibimbap

2

45 min

15 min

MATERIAL

- 1 tabla de cortar y 1 cuchillo
- 1 prensa ajos
- 1 sartén

INGREDIENTES

400 g de arroz japonés cocido (p. 16)

Salsa gochujang

Carne

- 250 g de ternera tierna (redondo, contra, solomillo...)
- 2 cdas. de salsa de soja dulce
- 2 dientes de ajo
- 2 cdas. de aceite

Huevos fritos

- 2 huevos
- 1 cda. de aceite

Verduras

- 100 g de col lombarda
- 2 dientes de ajo
- 150 g de brotes de soja verde
- 250 g de espinacas frescas
- 3 cdas. de aceite
- 2 cdas. de salsa de soja dulce
- 250 g de salteado de champiñones congelados
- 100 g de kimchi

1 Corta la carne en tiras finas. Corta la col en tiras lo más finas posible y prensa el ajo.

2 Mezcla la carne con la mitad del ajo y la salsa de soja dulce. Déjala marinar mientras preparas las verduras.

3 Vierte agua hirviendo sobre los brotes de soja verde. Déjalos 15 segundos y escúrrelos.

4 Calienta 1 cucharada de aceite en una sartén y fríe las espinacas 2 minutos, escúrrelas y condiméntalas con la salsa de soja dulce.

5

Calienta 2 cucharadas de aceite a fuego vivo y saltea los champiñones con el ajo picado. Sazónalos con sal y pimienta y déjalos escurrir.

6

Calienta 1 cucharada de aceite a fuego medio y fríe los huevos 3 minutos. Colócalos con cuidado en un plato.

7

Calienta 2 cucharadas de aceite a fuego vivo y sofríe la carne 2 minutos, removiéndola rápido.

Reparte el arroz en 2 boles grandes. Coloca con cuidado 1 huevo frito en el centro y la carne y las verduras a su alrededor. Vierte la salsa gochujang y sírvelo.

El bibimbap se come partiendo el huevo y mezclando todos los ingredientes en el bol.

Arroz lôc lac

4

10 min

40 min

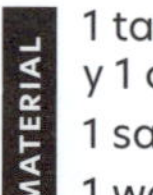

MATERIAL
- 1 tabla de cortar y 1 cuchillo
- 1 sartén
- 1 wok

INGREDIENTES

Arroz con tomate
- 400 g de arroz tailandés cocido frío (p. 16)
- 2 cdas. de salsa de soja
- 40 g de pasta de tomate

Ternera
- 400 g de ternera tierna (redondo, lomo alto, contra...)
- 1 cdta. de azúcar blanco
- 2 cdas. de salsa de soja
- 1 cda. de nuoc-mâm
- 1 cdta. de pimienta molida
- 5 cdas. de aceite vegetal

Acompañamiento
- 2 huevos
- 1 cda. de aceite
- ½ cebolla morada
- 1 tomate
- 2 gajos de limón (opcional)
- 3 hojas de lechuga (opcional)

1 Corta la carne en dados de 1,5 cm de grosor. Corta la cebolla pelada y el tomate en cuartos y después en rodajas finas.

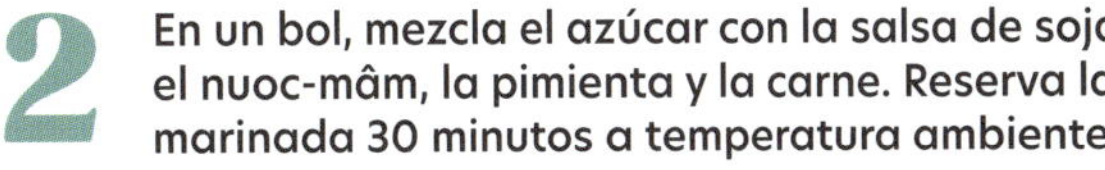

2 En un bol, mezcla el azúcar con la salsa de soja, el nuoc-mâm, la pimienta y la carne. Reserva la marinada 30 minutos a temperatura ambiente.

3

Pon el arroz en un bol y añade la pasta de tomate y la salsa de soja. Mézclalo bien con las manos para que se suelten los granos de arroz.

4

Casca con cuidado los huevos en una sartén con aceite y fríelos a fuego medio 3 minutos. Resérvalos en un plato.

5

Calienta el aceite en un wok a fuego vivo. Añade la carne y saltéala, removiéndola, 2 minutos. Retírala de la sartén.

5 min

FUEGO VIVO

6 Calienta de nuevo el wok con el jugo de la carne. Vierte el arroz y saltéalo 5 minutos, removiéndolo. Tiene que estar bien caliente.

7 Sirve el arroz en un plato. Añade la carne, las rodajas de tomate y la cebolla. Coloca el huevo encima del arroz y, si lo deseas, un gajo de limón y un poco de lechuga alrededor.

Lôc lac **significa «mover», «agitar» en vietnamita. Para mantener la carne tierna, saltéala rápido a fuego muy alto mientras mueves el wok. Al moverlo, se distribuirá el calor de manera uniforme.**

Sopa de soba y pato

2

10 min

10 min

MATERIAL

1 tabla de cortar y 1 cuchillo
1 cazuela
1 cazo
1 escurridor

INGREDIENTES

1 puerro
1 l de dashi
2 cdas. de mirin
3 cdas. de salsa de soja
250 g de fideos soba
100 g de magret de pato ahumado en lonchas

1 Lava el puerro y córtalo en rodajas gruesas.

2 Calienta el dashi con el mirin y la salsa de soja en una cazuela. Añade el puerro y cuécelo 5 minutos a fuego medio.

3

Cuece los fideos siguiendo las indicaciones del paquete. Escúrrelos y lávalos con agua fría.

4

Reparte los fideos y el magret en 2 boles. Vierte el caldo caliente y reparte los puerros.

Puedes añadir guindilla japonesa en polvo si te gusta el *shichimi togarashi* y 1 sobre más de dashi para potenciar el sabor del caldo y hacerlo más intenso.

Sopa de udon y carne

4

15 min

5 min

MATERIAL
- 1 tabla de cortar y 1 cuchillo
- 1 sartén
- 1 cazuela

INGREDIENTES
- 200 g de carne de ternera tierna (contra, redondo, lomo alto, solomillo)
- 2 cebolletas
- 2 cdas. de aceite neutro
- 2 cdas. de salsa de soja dulce
- 1 l de dashi
- 2 cdas. de salsa de soja salada
- 2 cdas. de mirin
- 400 g de fideos udon envasados al vacío

1 Corta la ternera y la cebolleta en trozos finos. Reserva la parte verde para el aliño.

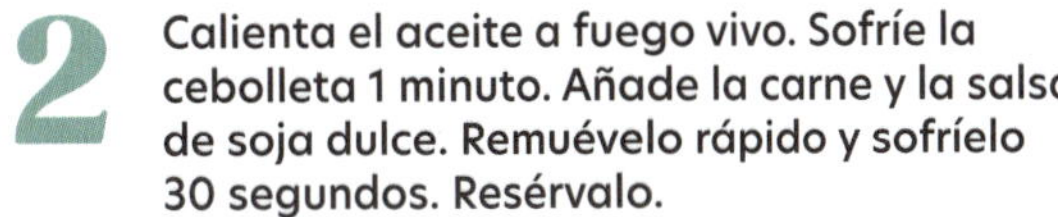

2 Calienta el aceite a fuego vivo. Sofríe la cebolleta 1 minuto. Añade la carne y la salsa de soja dulce. Remuévelo rápido y sofríelo 30 segundos. Resérvalo.

3 Lleva a ebullición el dashi con la salsa de soja salada y el mirin. Añade los fideos y cuécelos 1 minuto. Remuévelos con cuidado para soltarlos.

4 Reparte los fideos y la carne en 4 boles. Esparce la parte verde de las cebolletas por encima y vierte el caldo.

¡Prueba a añadirle al caldo 2 cucharadas de sake! ¡Verás qué rico!

Ramen de cerdo

2

20 min

15 min

MATERIAL
- 1 tabla de cortar y 1 cuchillo
- 1 prensa ajos
- 1 cazuela

INGREDIENTES
- 2 pak choi
- 40 g de jengibre fresco
- 2 cebolletas
- 3 dientes de ajo
- 2 cdas. de aceite
- 300 g de carne picada de cerdo
- 1 ½ cdas. de azúcar blanco
- 80 g de miso blanco
- 1 pastilla de caldo de pollo o dashi
- 350 g de fideos ramen frescos
- Aceite picante (opcional)

1 Corta el pak choi por la mitad, ralla el jengibre, pica la cebolleta y prensa el ajo.

2 Calienta el aceite en una cazuela. Añade el ajo, el jengibre, la carne y el azúcar. Remuévelo bien para separar la carne. Añade el miso y remuévelo de nuevo.

3 Echa la pastilla de caldo y vierte 1,3 litros de agua. Llévalo a ebullición, baja el fuego y cuécelo 5 minutos.

5 min

FUEGO LENTO

Puedes añadirle un huevo marinado cortado por la mitad (p. 41).

4 Añade los fideos. Un minuto antes de terminar la cocción, añade el pak choi y cuécelo 1 minuto. Escúrrelo y repártelo en 2 boles. Esparce la cebolleta y alíñalo con el aceite picante.

Sopa pho

2

15 min

30 min

MATERIAL
- 1 tabla de cortar y 1 cuchillo
- 1 cazo
- 1 cazuela
- 1 espumadera

INGREDIENTES

Acompañamiento
- 1 cebolla
- 400 g de fideos de arroz rehidratados (p. 10)
- 160 g de carpaccio de ternera
- 80 g de soja
- 4 ramitas de menta
- 4 ramitas de albahaca tailandesa o de cilantro
- ½ lima

Caldo
- 2 pastillas de caldo de carne
- 6 semillas de cardamomo
- 40 g de jengibre fresco
- 2 estrellas de anís
- 6 clavos de olor
- 1 ramita de canela
- 2 cdas. colmadas de azúcar blanco
- 3 cdas. de nuoc-mâm
- 1 cda. de pimienta molida

1 Pela la cebolla y córtala en tiras finas. Lava el jengibre y córtalo en rodajas finas. Chafa el cardamomo con la parte plana de un cuchillo.

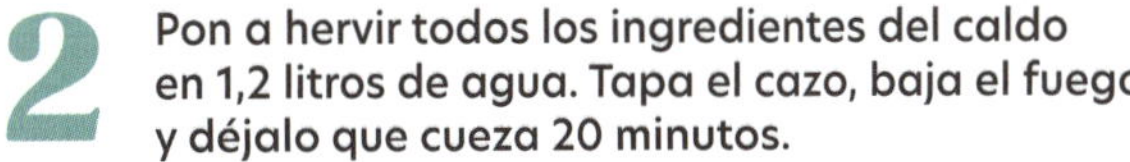

2 Pon a hervir todos los ingredientes del caldo en 1,2 litros de agua. Tapa el cazo, baja el fuego y déjalo que cueza 20 minutos.

3 Cuece los fideos 2 minutos en agua hirviendo. Deben estar al dente. Escúrrelos.

4 Reparte los fideos, la carne y la cebolla en 2 boles y vierte el caldo muy caliente.

Condiméntalo con soja, hierbas aromáticas, zumo de limón, guindillas...

Fideos fritos

4

25 min

10 min

MATERIAL

1 tabla de cortar y 1 cuchillo
1 prensa ajos
1 cazuela
1 espumadera
1 wok

INGREDIENTES

250 g de pechuga de pollo
20 g de jengibre fresco
1 zanahoria
5 setas shiitake frescas o rehidratadas
1 cebolla
5 cdas. de aceite vegetal
300 g de fideos chinos de trigo
2 cdas. de salsa de soja
1 cda. de salsa de ostras
Pimienta

Marinada

1 cda. de salsa de soja dulce
1 cda. de salsa de ostras
2 dientes de ajo
Pimienta

1 Corta el jengibre en tiras finas, la zanahoria en bastones finos, los shiitake y la cebolla en tiras finas y el pollo en trozos del mismo tamaño.

2 En un bol, mezcla los ingredientes de la marinada, añade el pollo, remuévelo y resérvalo a temperatura ambiente.

3 Cuece los fideos al dente siguiendo las indicaciones del paquete. Escúrrelos, lávalos con agua fría y vuélvelos a escurrir.

4 Con el aceite muy caliente, sofríe la cebolla, el jengibre, la zanahoria, las setas shiitake, el pollo y la marinada 3 minutos. Añade los fideos, las salsas y la pimienta. Sofríelo todo 3 minutos a fuego vivo, removiéndolo.

Otros fideos fritos

4

25 min

10 min

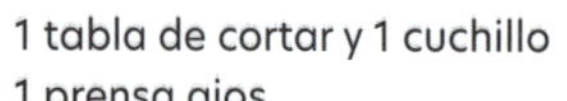

MATERIAL
1 tabla de cortar y 1 cuchillo
1 prensa ajos
1 cazuela
1 espumadera
1 wok

Fideos fritos con verduras

300 g de fideos chinos de trigo • 2 dientes de ajo picados • 1 cebolla cortada en tiras finas • 30 g de jengibre fresco cortado en tiras finas • 1 zanahoria cortada en rodajas finas • 200 g de setas shiitake picadas • 400 g de pak choi cortado en cuartos • 200 g de tofu cortado en dados • 3 cdas. de salsa de soja • 2 cdas. de salsa de ostras o de salsa vegetariana • 1 cdta. de azúcar de caña • 5 cdas. de aceite vegetal • Pimienta

Cuece los fideos al dente. Escúrrelos, lávalos con agua fría y vuélvelos a escurrir. Con el aceite muy caliente, sofríe el ajo, la cebolla, el jengibre, la zanahoria, las setas shiitake, el pak choi y el tofu 5 minutos. Añade los fideos, las salsas, el azúcar y la pimienta. Sofríelo 3 o 4 minutos a fuego vivo, removiéndolo constantemente, hasta que los fideos estén bien calientes.

Fideos fritos con gambas

300 g de gambas crudas peladas y descongeladas • 300 g de fideos chinos de trigo
5 cdas. de aceite vegetal • 1 cebolla picada • 25 g de jengibre fresco cortado en tiras finas
200 g de tirabeques • 6 setas shiitake cortadas en rodajas • 2 cdas. de salsa de soja
1 cda. de salsa de ostras • Pimienta • 100 g de brotes de soja verde

Marinada

1 cda. de salsa de soja dulce • 1 cda. de salsa de ostras • 2 dientes de ajo picados • Pimienta

Mezcla los ingredientes de la marinada, añade las gambas y resérvalas a temperatura ambiente. Cuece los fideos al dente. Escúrrelos, lávalos con agua fría y vuélvelos a escurrir. Con el aceite muy caliente, sofríe la cebolla, el jengibre, los tirabeques, las setas shiitake, las gambas y la marinada 5 minutos. Añade los fideos, las salsas y la pimienta. Sofríelo 3 o 4 minutos a fuego vivo, removiéndolo, hasta que los fideos estén bien calientes. Retíralo del fuego y añade los brotes de soja verde. Remuévelo. Si te gusta, añade cilantro picado justo antes de servir.

Fideos de arroz

2

15 min

MATERIAL

- 1 tabla de cortar y 1 cuchillo
- 1 varillas
- 1 bandeja grande

INGREDIENTES

- 12 obleas de arroz de 22 cm
- 1 cebolleta
- 3 ramitas de cilantro

Salsa

- 2 cdas. de salsa de soja dulce
- El zumo de ½ limón
- 1 cda. de aceite de sésamo
- 1 cdta. de semillas de sésamo tostadas
- 1 cda. de aceite picante (opcional)
- 1 cdta. de salsa de soja oscura (opcional)

1 Pica el cilantro y la cebolleta.

2 Mezcla todos los ingredientes de la salsa.

3 Coloca 3 obleas de arroz unas encima de las otras. Sumérgelas en un recipiente con agua fría. Mantenlas en el agua 15 segundos.

4 Colócalas en una tabla de cortar. Pásales la mano para eliminar las burbujas de aire y córtalas en tiras. Sírvelas en los boles con la salsa y las hierbas aromáticas.

Pad thai de gambas

3-4

1 h 50

8 min

MATERIAL

1 tabla de cortar y 1 cuchillo

1 wok

INGREDIENTES

300 g de fideos de arroz secos (de 0,5 cm de ancho) remojados 1 h 30 en agua fría

4 huevos

300 g de gambas crudas peladas y descongeladas

2 chalotas grandes

6 cdas. de aceite vegetal

Salsa

100 g de concentrado de tamarindo

60 g de azúcar moreno

3 cdas. de nuoc-mâm

1 cda. de salsa de soja clara

1 cda. de salsa de soja oscura

Acompañamiento

200 g de brotes de soja verde

5 cebolletas

4 cdas. de cacahuetes tostados

1 lima

Cayena molida

1 En un bol, mezcla todos los ingredientes de la salsa. Añade un poco de agua si la mezcla no está lo suficientemente líquida.

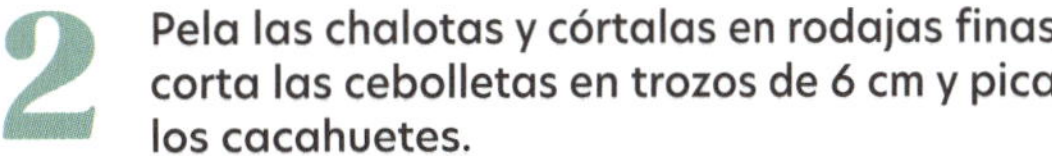

2 Pela las chalotas y córtalas en rodajas finas, corta las cebolletas en trozos de 6 cm y pica los cacahuetes.

3 Calienta el aceite en un wok a fuego vivo. Añade primero las chalotas y después los huevos. Espera 1 minuto y remuévelo todo.

4 Agrega los fideos, las gambas y la salsa y saltéalo todo 5 minutos, removiéndolo constantemente.

5 Retíralo del fuego y añade los brotes de soja verde y la cebolleta. Remuévelo y sírvelo con un chorrito de zumo de lima, los cacahuetes y la cayena molida.

Bo bun de ternera

2

40 min

5 min

MATERIAL

1 tabla de cortar y 1 cuchillo
1 cazuela
1 sartén

INGREDIENTES

Ternera

250 g de ternera tierna (redondo, contra, lomo alto...)
½ cebolla
2 cdas. de salsa de soja
1 cda. de salsa de ostras
½ cdta. de pimienta molida
1 cdta. de azúcar blanco
4 cdas. de aceite vegetal

Acompañamiento

180 g de fideos de arroz
1 zanahoria
4 hojas de lechuga
⅓ de pepino
6 nems (p. 44)
2 cdas. de cacahuetes tostados salados
60 g de brotes de soja verde
2 cdas. de cebolla frita
4 ramitas de menta
4 ramitas de cilantro
Salsa nuoc cham (p. 20)

1 Corta la carne en tiras finas. Pela la cebolla y córtala en tiras finas.

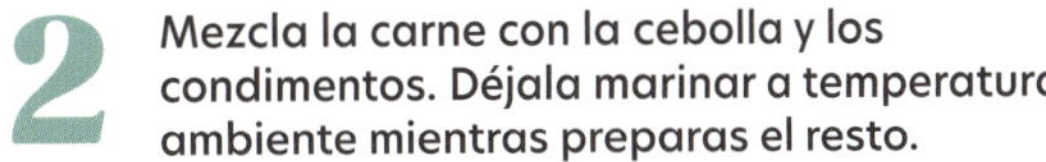

2 Mezcla la carne con la cebolla y los condimentos. Déjala marinar a temperatura ambiente mientras preparas el resto.

3 Cuece los fideos siguiendo las indicaciones del paquete. Lávalos con agua fría y escúrrelos. Estrújalos con las manos, por partes, para eliminar toda el agua.

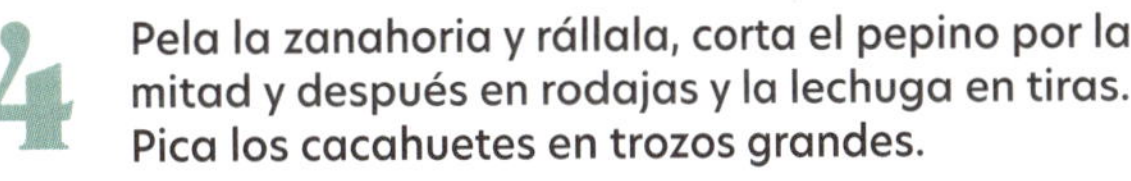

4 Pela la zanahoria y rállala, corta el pepino por la mitad y después en rodajas y la lechuga en tiras. Pica los cacahuetes en trozos grandes.

5

Calienta los nems en el horno o en una sartén y córtalos por la mitad. Si utilizas una sartén, fríelos 10 minutos a fuego medio con 1 cucharada de aceite, dándoles la vuelta a menudo. Si prefieres el horno, tuéstalos a 200 °C 15 minutos, dándoles la vuelta a mitad de la cocción.

6

Calienta las 3 cucharadas de aceite restantes en una sartén. Sofríe la cebolla 30 segundos a fuego muy vivo y añade la carne. Remuévelo rápido y sofríelo todo 2 minutos como máximo.

7 Reparte las verduras y hortalizas crudas junto con los fideos en los boles. Añade la carne y los nems. Esparce los cacahuetes, la cebolla frita y las hojas de menta y de cilantro por encima. Sírvelo con la salsa nuoc cham.

Raviolis de gambas

4

40 min

4 min

MATERIAL

- 1 picadora
- 1 tabla de cortar y 1 cuchillo
- 1 freidora

INGREDIENTES

1 paquete de láminas de wonton (raviolis chinos)

½ cebolla

Pimienta

1 l de aceite para freír

Relleno

300 g de gambas crudas peladas y descongeladas (o pechuga de pollo o lomo de cerdo)

1 clara de huevo

½ manojo de cilantro

1 cda. de maicena

1 cdta. de azúcar blanco

1 cda. colmada de salsa de ostras

1 cda. de salsa de soja

½ cdta. de sal

Salsa picante

4 cdas. de mayonesa (p. 21)

1 cda. de salsa sriracha o de aceite picante chino

1 Tritura todos los ingredientes del relleno hasta obtener una mezcla pegajosa.

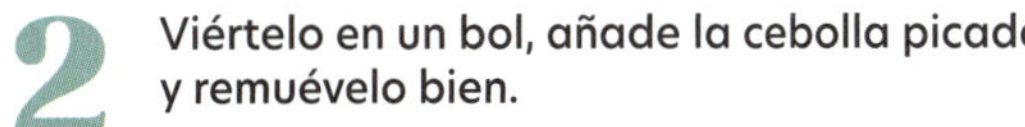

2 Viértelo en un bol, añade la cebolla picada y remuévelo bien.

3 Coloca 1 cucharada del relleno sobre las láminas de wonton. Humedece los bordes. Dobla las láminas en forma de triángulo. Pellizca los bordes y pliégalos para formar un abanico.

4 Calienta el aceite a 170 °C en una freidora o un cazo. Sumerge unos cuantos raviolis. Dóralos 2 minutos y déjalos escurrir sobre papel de cocina.

Fríelos por tandas.

Gyozas de cerdo

4

40 min

10 min

MATERIAL

1 tabla de cortar y 1 cuchillo

1 sartén con tapa

INGREDIENTES

1 paquete de masa para gyozas descongelada (30 discos)

2 cdas. de aceite vegetal

Salsa para gyozas (opcional) o salsa de soja

Relleno

1 puerro grande

400 g de panceta de cerdo picada o salchichas

40 g de jengibre fresco

1 cdta. rasa de sal

1 cdta. rasa de azúcar blanco

1 cda. de salsa de soja

1 cda. de aceite de sésamo

1 Pica fino el jengibre y corta el puerro en rodajas finas.

2 Calienta 1 cucharada de aceite vegetal y sofríe el puerro 5 minutos. Déjalo que se enfríe.

3

Mezcla los ingredientes del relleno.

4 Pon 1 cucharada del relleno en cada disco de masa. Humedece los bordes.

5 Dobla la masa en forma de media luna. Pellizca y pliega los bordes para formar un abanico.

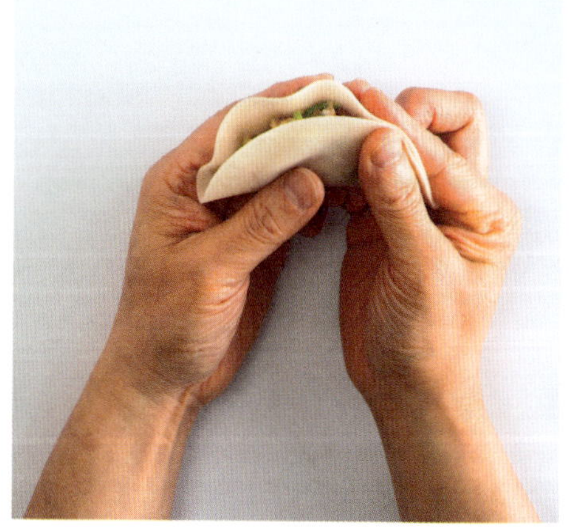

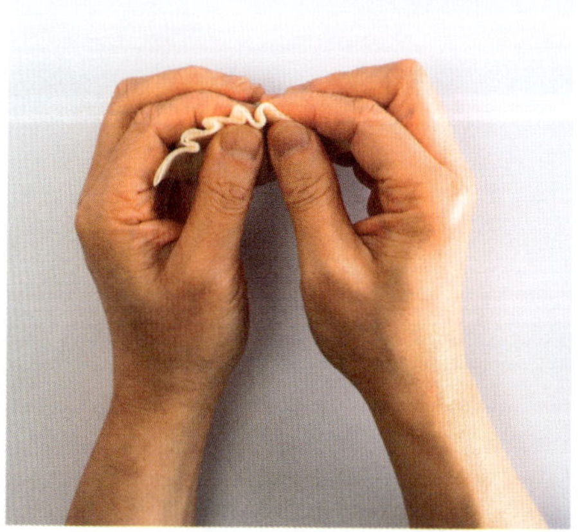

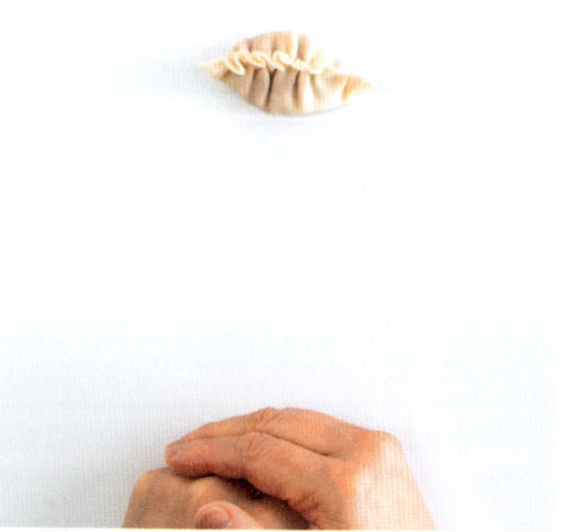

8 min

FUEGO MEDIO

6 Calienta 1 cucharada de aceite en una sartén a fuego medio. Coloca los raviolis en una sola capa. Cuando el aceite chisporrotee, vierte un poco de agua y tápalos. Cuécelos 8 minutos. Cuando el agua se haya evaporado, destápalos y deja que se doren por la parte de abajo, sin que se quemen. Sírvelos con salsa para gyozas o salsa de soja.

Otros rellenos:

- Verduras: ralla 1 zanahoria y 1 calabacín. Pica 150 g de col china. Desmenuza 250 g de tofu firme. Saltéalo hasta que se dore. Añade el jengibre y sazona al gusto.
- Pollo y espinacas: sustituye la carne de cerdo por 400 g de pechuga de pollo picada y los puerros por 170 g de espinacas descongeladas.

Salmón teriyaki

4

10 min

10 min

MATERIAL

1 tabla de cortar y 1 cuchillo
1 prensa ajos
1 cazo
1 fuente de horno

INGREDIENTES

4 filetes de salmón de 150 g cada uno

2 cebolletas

1 cda. de semillas de sésamo tostadas

Salsa

30 g de jengibre fresco

2 dientes de ajo grandes

100 ml de salsa de soja

60 g de azúcar moreno

40 ml de mirin

2 cdas. de vinagre de arroz o blanco

1 Ralla el jengibre, pica la cebolleta y prensa el ajo.

2 Lleva a ebullición todos los ingredientes de la salsa en un cazo. Baja el fuego y reduce la salsa 4 minutos.

4 min

FUEGO LENTO

5 min

GRATINADOR

3

Precalienta el gratinador. Coloca el salmón en una fuente. Cúbrelo con la salsa. Hornéalo en la parte superior del horno 5 minutos (hasta que esté rosado por dentro).

4

Esparce la cebolleta y las semillas de sésamo antes de servirlo con arroz japonés (p. 16) o fideos soba.

Otros teriyaki

4 | 15 min | 8 min

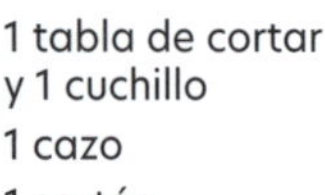

MATERIAL
1 tabla de cortar y 1 cuchillo
1 cazo
1 sartén

VARIANTES

Pollo teriyaki con brócoli

8 min

400 g de pechuga de pollo • 300 g de ramitos de brócoli • 2 cdas. de aceite vegetal • 1 cda. de semillas de sésamo tostadas (opcional)

Salsa

30 g de jengibre fresco • 2 dientes de ajo grandes
100 ml de salsa de soja • 60 g de azúcar moreno
40 ml de mirin • 2 cdas. de vinagre de arroz o blanco

Cuece el brócoli 3 minutos en un cazo con agua hirviendo. Cuélalo. Prepara la salsa como para la receta del salmón (p. 101). Corta el pollo en trozos del mismo tamaño. Calienta el aceite en una sartén y dora el pollo 2 minutos por cada lado. Vierte la salsa y fríelo otros 3 minutos, removiéndolo. Añade el brócoli y mézclalo bien. Esparce las semillas de sésamo y sírvelo con arroz japonés (p. 16).

Pato teriyaki

14 min

1 magret de pato • 1 cebolleta (opcional)

Salsa

30 g de jengibre fresco • 2 dientes de ajo grandes • 100 ml de salsa de soja • 60 g de azúcar moreno • 40 ml de mirin • 2 cdas. de vinagre de arroz o blanco

Marca la piel del magret con un cuchillo sin cortar la carne. Prepara la salsa como para la receta del salmón (p. 101). En una sartén sin grasa añadida, coloca el magret con la piel hacia abajo. Fríelo 10 minutos a fuego medio, vigilando la cocción. Retira la grasa de la sartén. Dale la vuelta, vierte la salsa por encima y fríelo 4 minutos (para que quede rosado por dentro). Coloca una capa de arroz japonés (p. 16) y el magret cortado en tiras por encima. Vierte la salsa y esparce la cebolleta.

Gambas con cilantro

2-4

15 min

4 min

MATERIAL

- 1 tabla de cortar y 1 cuchillo
- 1 prensa ajos
- 1 wok o 1 sartén

INGREDIENTES

- 300 g de gambas crudas descongeladas (16/20 piezas si es posible)
- 4 dientes de ajo grandes
- ½ manojo de cilantro
- ½ cdta. de sal
- 1 cdta. de pimienta molida
- 1 ½ cdas. de maicena
- 4 cdas. de aceite vegetal

1 Prensa el ajo y pica el cilantro en trozos grandes. Pela las gambas. Corta el lomo con un cuchillo y retira el hilo negro.

2 En un bol, mezcla las gambas con la sal, la pimienta y el ajo picado. Añade la maicena y remuévelo bien.

3

Calienta el aceite en un wok o una sartén a fuego muy vivo. Añade las gambas y saltéalas, removiéndolas, 4 minutos.

4

Retíralas del fuego y esparce el cilantro por encima.

Sírvelas con arroz.

Tataki de ternera

4

15 min

4 min

MATERIAL
1 tabla de cortar y 1 cuchillo
1 sartén

INGREDIENTES
- 3 cebolletas
- 25 g de jengibre fresco
- ½ manojo de cilantro
- 600 g de ternera tierna (solomillo, redondo, contra o lomo alto)
- 2 cdas. de aceite vegetal
- 1 cda. de semillas de sésamo tostadas
- 100 ml de salsa ponzu
- Sal y pimienta

1 Corta las cebolletas en rodajas finas y el jengibre en tiras finas. Corta el cilantro en trozos grandes.

2 Calienta el aceite en una sartén y dora la carne 1 minuto por cada lado (4 lados). Deja que repose 10 minutos sobre una rejilla.

3

Corta la carne en rodajas finas.

4

Colócalas en un plato. Añade la cebolla, el jengibre y el cilantro. Esparce las semillas de sésamo y vierte la salsa ponzu por encima.

Si quieres, puedes sustituir la ternera por 600 g de lomos de salmón o de atún.

Pollo karaage

4

35 min

6 min

MATERIAL

1 tabla de cortar y 1 cuchillo
1 freidora o 1 sartén
Papel de cocina

INGREDIENTES

400 g de contramuslos o de pechuga de pollo
3 dientes de ajo
20 g de jengibre fresco
3 cdas. de salsa de soja dulce
3 cdas. de sake (opcional)
100 g de fécula de patata
600 ml de aceite para freír
1 limón
Flor de sal

1 Retira la piel del pollo y córtalo en trozos de 3 o 4 cm.

2 Ponlo con el jengibre rallado y el ajo picado en un bol. Añade la salsa de soja y el sake. Déjalo marinar 30 minutos a temperatura ambiente.

3 Vierte la maicena en un plato o una fuente y reboza el pollo.

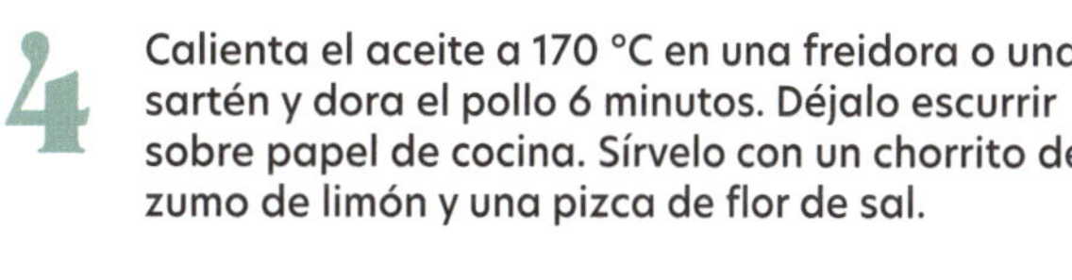

4 Calienta el aceite a 170 °C en una freidora o una sartén y dora el pollo 6 minutos. Déjalo escurrir sobre papel de cocina. Sírvelo con un chorrito de zumo de limón y una pizca de flor de sal.

Pollo con soja y limón

4

15 min

1 h 10

MATERIAL

1 tabla de cortar y 1 cuchillo
1 exprimidor
1 prensa ajos
1 fuente de horno

INGREDIENTES

1 cebolla grande
3 dientes de ajo grandes
3 limones
4 muslos de pollo
Pimienta
150 ml de salsa de soja dulce
½ manojo de cilantro

1 Pela la cebolla y córtala en 8 trozos. Prensa el ajo. Exprime el zumo de 2 limones. Corta el otro limón en rodajas.

2 Corta los muslos de pollo por la mitad, por las articulaciones, y sazónalos con pimienta.

3 Mezcla la salsa de soja con el zumo de limón, la cebolla y el ajo en un fuente de horno. Coloca el pollo encima (con la piel hacia arriba). Déjalo marinar 30 minutos a temperatura ambiente.

4 Vierte 50 ml de agua, sazónalo con pimienta y hornéalo 1 hora y 10 minutos a 170 °C. Pasados 45 minutos, dale la vuelta y añádele las rodajas de limón.

Tonkatsu de cerdo

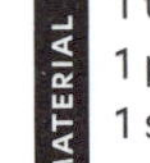

2 | 15 min | 6 min

MATERIAL

1 tabla de cortar y 1 cuchillo
1 pelador de verduras
1 sartén
Papel de cocina

INGREDIENTES

2 chuletas de cerdo sin hueso, de 150 g cada una
¼ de repollo (unos 250 g)
100 ml de aceite para freír
Salsa tonkatsu (Bull-Dog)
1 limón
Sal y pimienta

Rebozado
3 cdas. de harina
1 huevo
4 cdas. de panko (pan rallado)

1 Corta la col lo más fina posible. Salpimienta la carne por ambos lados.

2 Reparte los ingredientes del rebozado en 3 platos. Pasa primero la carne por la harina, por ambos lados. Luego por el huevo batido salpimientado y, por último, por el panko.

6 min

FUEGO MEDIO

3 Calienta el aceite en una sartén y dora la carne 3 minutos por cada lado. Escúrrela sobre papel de cocina.

4 Córtala en tiras y sírvela con la salsa tonkatsu. Sazona la col con el zumo de limón y sírvela al lado.

Cerdo al caramelo

4

15 min

1 h 15

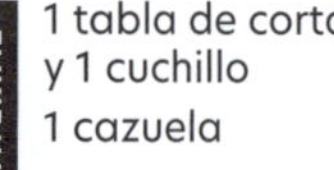

MATERIAL

1 tabla de cortar y 1 cuchillo

1 cazuela

INGREDIENTES

800 g de panceta de cerdo con piel o de lomo de cerdo

80 g de jengibre fresco

½ manojo de cilantro

6 dientes de ajo

100 g de azúcar blanco

80 ml de salsa de soja

Pimienta

1 Corta la carne en dados de 1,5 cm de grosor. Corta el jengibre en tiras finas. Pica el cilantro y chafa los dientes de ajo.

2 Vierte el azúcar en una cazuela y caliéntalo a fuego lento hasta que se derrita y tome un bonito color dorado.

FUEGO LENTO

3 Vierte la salsa de soja. Añade la carne, el ajo, el jengibre y agua (1 cm por encima de la carne). Sazónalo con abundante pimienta. Cuécelo 1 hora y 15 minutos a fuego medio, hasta que la salsa se reduzca y la carne esté tierna.

4 Esparce el cilantro por encima y sírvelo con arroz tailandés caliente (p. 16).

Cerdo agridulce

4

40 min

15 min

MATERIAL
1 tabla de cortar y 1 cuchillo
1 sartén
1 wok

INGREDIENTES

1 cebolla pequeña
½ pimiento rojo
1 guindilla verde larga o ¼ de pimiento verde
½ piña
400 g de solomillo de cerdo
4 cdas. de maicena
100 ml de aceite vegetal
Sal y pimienta

Salsa

30 g de jengibre fresco
2 dientes de ajo
115 g de azúcar blanco
4 cdas. de salsa de soja
1 cda. de pasta de tomate
100 ml de vinagre de arroz

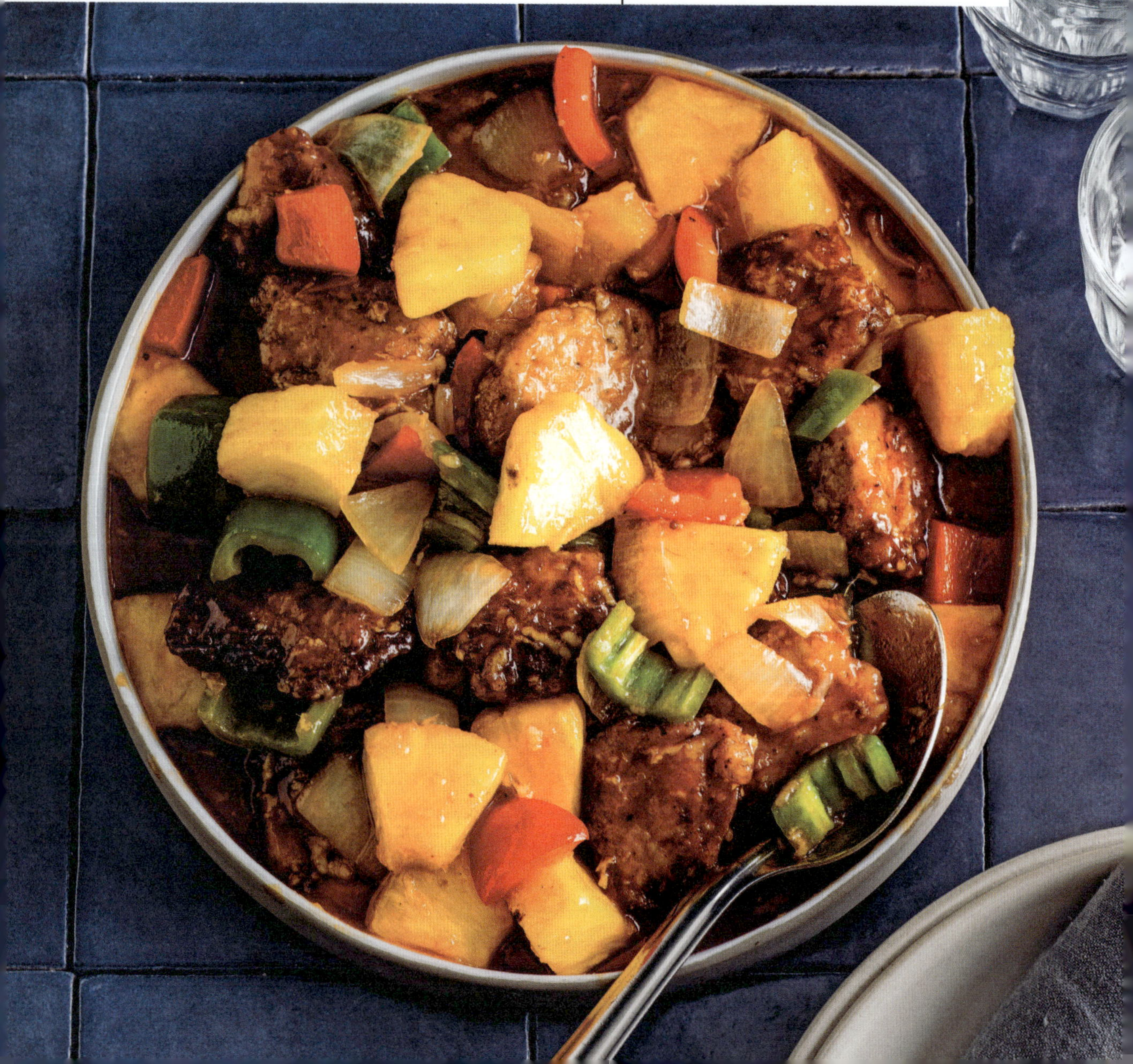

1 Corta el pimiento, la guindilla, la cebolla y la piña en trozos del mismo tamaño. Ralla el jengibre. Prensa el ajo.

2 En un bol, mezcla los ingredientes de la salsa.

3 Corta la carne en trozos de unos 4 mm de grosor.

 Salpimiéntalos y pásalos por la maicena.

5

Calienta el aceite en una sartén a fuego medio y dora la carne 3 minutos por cada lado. Resérvala.

6

Pon 1 cucharada de maicena en un bol y mézclala con 4 cucharadas de agua.

5 min

En un wok, saltea la cebolla y el pimiento 2 minutos. Vierte la salsa y llévalo a ebullición.

3 min

FUEGO MEDIO

Añade la maicena diluida con el agua. En cuanto la salsa espese, agrega la guindilla, la piña y la carne. Saltéalo todo 1 minuto, removiéndolo. Sírvelo con arroz tailandés (p. 16).

Pollo con citronela

4

15 min

45 min

MATERIAL

1 tabla de cortar y 1 cuchillo
1 picadora
1 fuente de horno

INGREDIENTES

4 muslos de pollo
Pimienta

Marinada
4 tallos de citronela
5 dientes de ajo
40 g de jengibre fresco
3 cdas. de azúcar de caña
4 cdas. de nuoc-mâm

1 Corta el jengibre en trozos grandes. Retira los extremos de la citronela y trocea los tallos. Corta los muslos de pollo por la articulación.

2 Tritura los ingredientes de la marinada hasta obtener una pasta fibrosa.

3 Cubre el pollo con la marinada, sazónalo con pimienta y masajéalo. Déjalo marinar 1 hora como mínimo a temperatura ambiente.

4 Hornéalo 40 minutos a 200 °C. Sírvelo con arroz glutinoso o arroz blanco (p. 17).

Ternera con cebolla

4

15 min

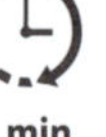
5 min

MATERIAL

1 tabla de cortar y 1 cuchillo
1 wok

INGREDIENTES

- 400 g de ternera tierna (contra, redondo, solomillo, lomo alto, cadera...)
- 2 cebollas
- 2 cdas. de salsa de soja
- 2 cdas. de salsa de ostras
- 1 cdta. de pimienta molida
- 1 cdta. de azúcar de caña
- 1 cda. de maicena
- 4 cdas. de aceite vegetal

1 Corta la ternera en tiras finas. Pela las cebollas y córtalas en tiras finas.

2 Mezcla la carne con las salsas de soja y de ostras, la pimienta y el azúcar en un bol. Déjala marinar 10 minutos a temperatura ambiente.

3 Disuelve la maicena en 100 ml de agua.

4 En un wok, saltea la cebolla con un poco de aceite. Añade la carne, remuévelo rápido y echa la maicena. Sofríelo, removiéndolo bien.

Brochetas de pollo satay

4

10 min

10 min

MATERIAL
- 1 cazo pequeño
- 1 varillas
- 16 brochetas de madera
- 1 sartén

INGREDIENTES

- 400 g de pechuga de pollo
- 5 cdas. de aceite vegetal
- 2 cdas. de cacahuetes tostados

Marinada

- 1 cda. de curry indio en polvo
- 1 cdta. de sal
- 1 cdta. de azúcar de caña
- 100 ml de leche de coco

Salsa

- 15 g de pasta de curry rojo tailandés (1 cda. ligeramente colmada)
- 150 ml de leche de coco
- 1 cda. de azúcar de caña
- 50 g de mantequilla de cacahuete sin azúcar
- ½ cdta. de sal

1 Mezcla los ingredientes de la marinada y añade el pollo cortado en tiras. Déjalo marinar 30 minutos a temperatura ambiente.

2 En un cazo, añade los ingredientes de la salsa y llévalos a ebullición, removiéndolos con unas varillas. Reserva la salsa.

3

Ensarta las tiras de pollo en forma de acordeón en 16 brochetas. Calienta la mitad del aceite en una sartén. Fríe las brochetas unos 2 minutos por cada lado. Repite la operación con las brochetas restantes.

4

Sírvelas con la salsa, con los cacahuetes picados por encima. Si la salsa está demasiado espesa, añádele un poco de agua caliente.

Curry verde de pollo

4

15 min

10 min

MATERIAL
- 1 tabla de cortar y 1 cuchillo
- 1 cazuela
- 1 varillas

INGREDIENTES
- 2 calabacines medianos
- 2 tallos de citronela
- 1 cda. de pasta de curry verde tailandés
- 500 ml de leche de coco
- 3 cdas. de nuoc-mâm
- 1 cdta. de azúcar blanco
- 500 g de pechuga de pollo
- 250 g de tirabeques

1 Corta los calabacines en rodajas y estas por la mitad. Corta la citronela en rodajas al bies.

2 Mezcla la pasta de curry, la leche de coco, el nuoc-mâm, la citronela y el azúcar. Llévalo a ebullición, removiéndolo con unas varillas.

3

Añade el pollo y los calabacines y cuécelos 5 minutos. Agrega los tirabeques. Cuécelo todo 2 minutos.

4

Retíralo del fuego y añade las hojas de albahaca.

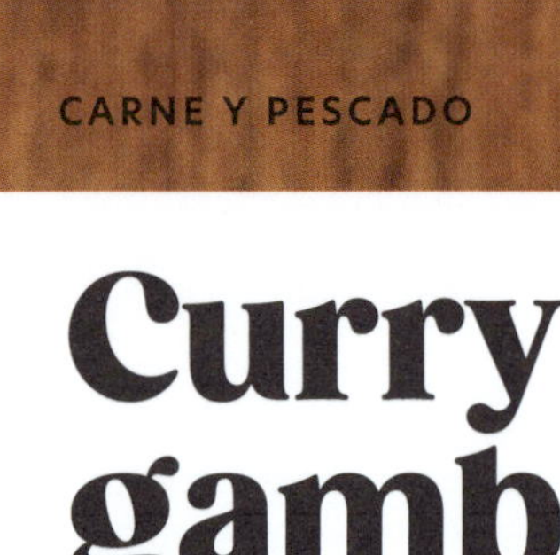

Curry de gambas

2-4	10 min	5 min

MATERIAL

- 1 tabla de cortar y 1 cuchillo
- 1 cazuela
- 1 varillas

INGREDIENTES

- 1 mango no demasiado maduro
- 500 ml de leche de coco
- 1 cda. de pasta de curry verde tailandés
- 3 cdas. de nuoc-mâm
- 1 cdta. de azúcar blanco
- 1 lima ecológica
- 500 g de gambas crudas peladas y descongeladas (16/20 piezas si es posible)
- 1 manojo de albahaca tailandesa o de cilantro

1 Pela el mango y córtalo en dados del mismo tamaño.

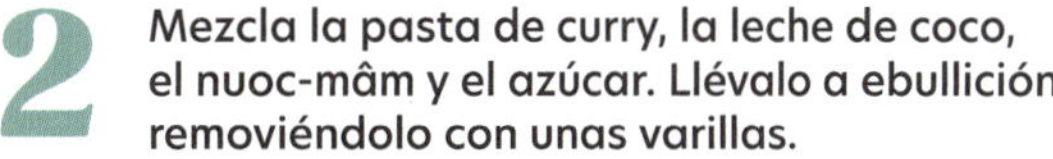

2 Mezcla la pasta de curry, la leche de coco, el nuoc-mâm y el azúcar. Llévalo a ebullición, removiéndolo con unas varillas.

2
min

FUEGO
MEDIO

3

Añade las gambas y cuécelas 2 minutos.

4

Retíralas del fuego y agrega el mango, la ralladura de lima, las hojas de albahaca y un chorrito de zumo de limón.

Haz un pequeño corte en el lomo de las gambas con un cuchillo para que tengan una forma bonita cuando se hagan.

Brócoli con ajo

2-4

10 min

5 min

MATERIAL

1 tabla de cortar y 1 cuchillo

1 wok

INGREDIENTES

- 500 g de brócoli
- 3 dientes de ajo grandes
- 3 cdas. de aceite vegetal
- 2 cdas. rasas de salsa de ostras
- Sal y pimienta

1 Separa los ramitos de brócoli. Corta los más grandes en 2 o 4 trozos. Corta el ajo en láminas.

Calienta el aceite en un wok. Saltea el ajo hasta que se dore (con cuidado, se quema muy rápido).

3

Añade el brócoli y la salsa de ostras. Sazónalo ligeramente con sal y pimienta y saltéalo, removiéndolo, 4 minutos. Vierte un poco de agua si es necesario. El brócoli debe quedar un poco crujiente (al dente).

Para que el ajo esté crujiente, retíralo cuando se haya dorado y añádelo cuando lo vayas a servir.

Berenjenas chinas

4

20 min

15 min

MATERIAL

1 tabla de cortar y 1 cuchillo
1 escurridor
1 wok

INGREDIENTES

- 25 g de jengibre fresco
- 4 dientes de ajo
- 500 g de berenjenas
- 2 cebolletas
- 6 cdas. de aceite vegetal
- 3 cdas. de salsa de soja
- 1 cda. de azúcar de caña
- Sal y pimienta

1 Corta el jengibre en tiras finas y pica o prensa el ajo. Corta las berenjenas en trozos del mismo tamaño y pica finas las cebolletas.

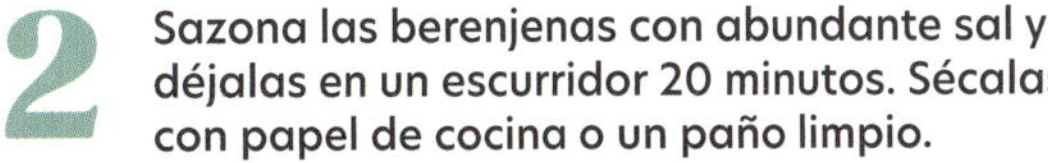

2 Sazona las berenjenas con abundante sal y déjalas en un escurridor 20 minutos. Sécalas con papel de cocina o un paño limpio.

3 Calienta el aceite en un wok y dora la berenjena por todos los lados (unos 6 minutos). Añade el ajo y el jengibre.

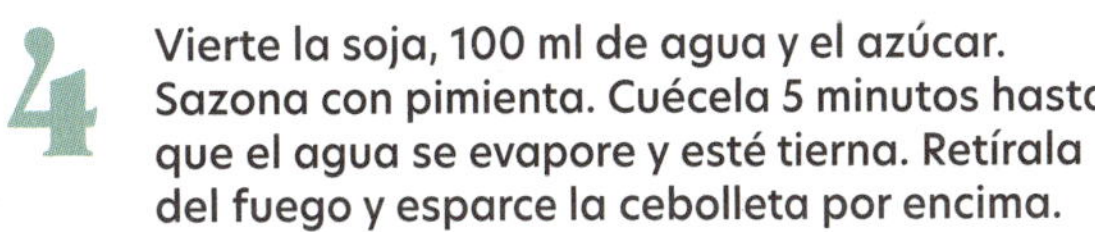

4 Vierte la soja, 100 ml de agua y el azúcar. Sazona con pimienta. Cuécela 5 minutos hasta que el agua se evapore y esté tierna. Retírala del fuego y esparce la cebolleta por encima.

Delicias de Buda

4

15 min

10 min

MATERIAL

1 tabla de cortar y 1 cuchillo
1 wok

INGREDIENTES

400 g de col china
250 g de tofu firme
60 g de jengibre fresco
5 dientes de ajo
20 g de setas oreja de Judas rehidratadas (p. 12)
100 g de fideos de soja verde rehidratados (p. 10)
4 cdas. de aceite vegetal
2 cdas. de salsa de soja
4 cdas. de salsa de ostras
Pimienta

1 Corta las hojas de col en 3 o 4 trozos. Pica el ajo. Corta el jengibre en bastones muy finos y el tofu en cuadrados del mismo tamaño.

2 Corta un poco las setas si son demasiado grandes y los fideos en 2 o 3 trozos.

3 En un wok, saltea el ajo y el jengibre 1 minuto. Dora el tofu. Añade los fideos, las setas y la col.

4 Vierte 120ml de agua y las salsas. Sazona con pimienta y cuécelo todo 8 minutos. Los fideos, las setas y la col deben estar tiernos.

Chop suey de verduras

4

10 min

5 min

MATERIAL
1 tabla de cortar y 1 cuchillo
1 wok

INGREDIENTES
- 500 g de pak choi
- 1 zanahoria
- 3 dientes de ajo grandes
- 3 cdas. de aceite vegetal
- 250 g de tirabeques
- 2 cdas. de salsa de ostras
- 150 g de brotes de soja verde
- Sal y pimienta

1 Pela y corta la zanahoria en rodajas finas. Pica el ajo. Corta el pak choi a lo largo en 2 o 4 trozos, según su tamaño.

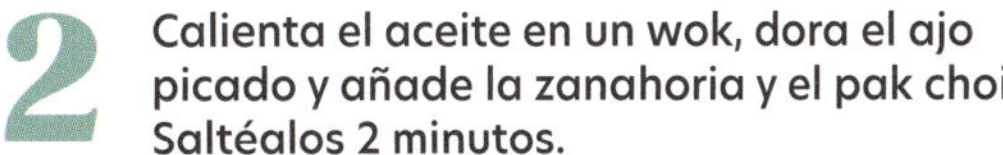

2 Calienta el aceite en un wok, dora el ajo picado y añade la zanahoria y el pak choi. Saltéalos 2 minutos.

3 Agrega los tirabeques y la salsa de ostras. Saltéalo todo 3 minutos, removiéndolo con frecuencia.

4 Para terminar, añade la soja verde y apaga el fuego.

Tofu salteado

4

15 min

15 min

MATERIAL

1 tabla de cortar y 1 cuchillo
1 sartén

INGREDIENTES

60 g de jengibre fresco
4 cebolletas
4 dientes de ajo
500 g de tofu firme
60 g de maicena
5 cdas. de aceite vegetal
2 cdas. de salsa de ostras
3 cdas. de salsa de soja
1 cdta. de pimienta molida

1 Corta el jengibre en bastones muy finos. Corta la parte verde y blanca de las cebolletas en tiras finas (reserva la verde para el aliño). Pica el ajo y corta el tofu en cuadrados del mismo tamaño.

2 Reboza el tofu en la maicena.

3 Calienta el aceite en una sartén a fuego medio y dora el tofu 3 minutos por cada lado. Resérvalo.

4 En la misma sartén, a fuego medio, dora el ajo, el jengibre y la cebolla. Añade el tofu, las salsas y la pimienta. Sofríelo 8 minutos, removiéndolo.

Judías con sésamo

2

10 min

13 min

MATERIAL
- 1 sartén
- 1 mortero o 1 picadora
- 1 cazuela
- 1 escurridor

INGREDIENTES

3 cdas. colmadas de semillas de sésamo mezcladas (blancas y negras)

250 g de judías verdes redondas

2 cdas. de salsa de soja dulce

Sal

1 En una sartén sin aceite, tuesta las semillas de sésamo 8 minutos a fuego lento, removiéndolas.

2 Pásalas a un bol y tritúralas con un mortero o una picadora.

3 Pon agua con sal a hervir en una cazuela y cuece las judías verdes unos 5 minutos. Deben estar al dente.

Escurre las judías verdes y mézclalas en un bol con las semillas de sésamo y la salsa de soja.

Espinacas con miso

2

5 min

20 s

MATERIAL

1 varillas
1 cazuela
1 escurridor

INGREDIENTES

25 g de miso blanco
1 cdta. de salsa de soja
2 cdas. de tahini
1 cdta. de azúcar de caña
350 g de espinacas frescas
1 cda. de semillas de sésamo blanco tostadas

1 En un bol, mezcla el miso con la salsa de soja, el azúcar y el tahini con unas varillas.

2 Pon una cazuela con agua a hervir. Cuece las espinacas 20 segundos y pásalas a un escurridor.

20 s

3

Añade las espinacas al bol con la salsa y remuévelas. Esparce las semillas de sésamo justo antes de servirlas.

Otras sugerencias:

- Espárragos verdes, cortados en 3 trozos y cocidos 2 minutos en agua hirviendo.
- Guisantes cocidos durante 1 o 2 minutos en agua hirviendo.

Flan de boniato

4-6

15 min

55 min

MATERIAL

1 cazuela
1 cesta de bambú
1 batidora de mano
1 fuente de horno

INGREDIENTES

150 g de boniato
180 g de azúcar de caña
1 pizca de sal fina
8 huevos
450 g de leche de coco

1 Pela el boniato y córtalo en dados pequeños del mismo tamaño. Cuécelos al vapor 15 minutos.

2 En un bol, tritura el boniato con el azúcar hasta obtener un puré fino.

3 Añádele la sal, los huevos y la leche de coco, sin batirlo demasiado para no incorporar aire. Viértelo en una fuente untada con aceite.

4 Precalienta el horno a 200 °C. Hornéalo 10 minutos. Baja la temperatura a 160 °C y hornéalo otros 30 minutos. Deja que se enfríe bien antes de servirlo.

Arroz con mango

4

10 min

5 min

MATERIAL
1 cazo
1 tabla de cortar y 1 cuchillo

INGREDIENTES
- 400 g de arroz glutinoso cocido (p. 17)
- 80 g de azúcar de caña
- 1 pizca de sal
- 200 ml de leche de coco
- 2 mangos maduros

Salsa
- 150 ml de leche de coco
- 10 g de azúcar de caña

1 Calienta la leche de coco con la sal y el azúcar en un cazo. Déjala que se enfríe.

2 Vierte la mezcla fría sobre el arroz glutinoso cocido. Tápalo y déjalo reposar 20 minutos hasta que absorba todo el líquido.

3

Pela el mango y trocéalo.

4

Coloca el arroz glutinoso y el mango en un plato. Para preparar la salsa, mezcla la leche de coco con el azúcar de caña en un bol. Viértela sobre el arroz.

Tapioca con coco y fruta

4

10 min

5 min

MATERIAL

1 cazo

INGREDIENTES

- 80 g de perlas de tapioca blanca
- 80 g de azúcar blanco
- 1 pizca de sal
- 250 ml de leche de coco
- 12 lichis en almíbar
- 125 g de frambuesas

1 Mezcla en un cazo 350 ml de agua con el azúcar y la sal. Llévala a ebullición.

2 Baja el fuego, añade las perlas de tapioca y remuévelas con cuidado con una cuchara. Cuécelas 4 minutos a fuego lento.

3

Vierte la leche de coco y, en cuanto empiece a hervir, apaga el fuego. Deja que se enfríe bien.

4

Sirve la tapioca con los lichis cortados en cuartos y las frambuesas.

Panna cotta de sésamo

6

10 min

5 min

MATERIAL
1 cazo
1 varillas

INGREDIENTES

- 750 ml de leche de coco (o la bebida vegetal que prefieras)
- 90 g de azúcar moreno
- 2 cdas. colmadas de puré de sésamo negro
- 8 g de gelatina en láminas

1 Pon en remojo las láminas de gelatina en un bol con agua fría (unos 15 minutos como mínimo) para que se ablanden.

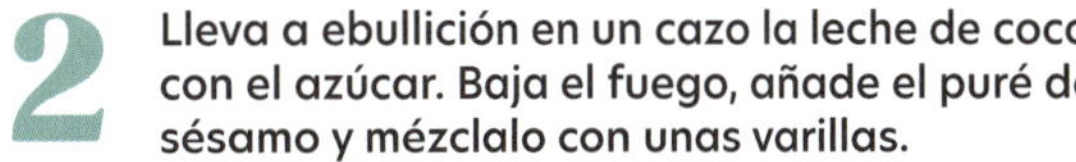

2 Lleva a ebullición en un cazo la leche de coco con el azúcar. Baja el fuego, añade el puré de sésamo y mézclalo con unas varillas.

3 Retíralo del fuego y añade la gelatina escurrida. Bátelo bien con las varillas.

4 Vierte la mezcla en boles o vasitos pequeños. Déjala que se enfríe y refrigérala 4 horas como mínimo o, si puedes, toda la noche.

Sirve la panna cotta con frambuesas frescas.

Índice de recetas

Rápidas y deliciosas

Arroces

Fideos y raviolis

Carne y pescado

Verduras

Postres

Índice

Glosario

anacardo marañón, nuez de la India
batido licuado, smoothie
beicon tocino
bol tazón, recipiente
boniato camote, batata
brote de soja germinado de soya
cacahuete cacahuate, maní
calabacín calabacita, zapallo
cascar abrir, romper
cebolleta cebolla blanca, cebollita china, cebolla cambray
chafar aplastar, apachurrar, machacar
chalota chalote, echalote
citronela hierba limón, zacate limón
cogollo de lechuga corazón de lechuga
col lombarda col morada
colmado copeteado
contra (corte) bola
crepe crepa
ecológico orgánico
frigorífico nevera, refrigerador
fuente de horno refractario, recipiente para hornear
gambas camarones
guindilla chile, ají
guisante chícharo, arveja
hortalizas verduras
jamón cocido jamón de pierna, jamón York
judías verdes ejotes, porotos, vainitas
lima limón verde
limón limón amarillo, limón Eureka
loncha rebanada
ostras ostiones
panceta tocino, tocineta
patata papa
puerro poro
raviolis ravioles, ravioli
repollo col
sésamo ajonjolí
setas hongos
setas oreja de Judas orejas de madera, orejas de oso
soja soya
solomillo lomo, filete
ternera res (en México, ternera se refiere a la cría hembra de la vaca, particularmente la que tiene menos de cuatro meses de nacida)
tirabeque ejote chino, chícharo chino, guisante mollar, jolantao
tomate jitomate
varilla globo
zumo jugo

DE LA EDICIÓN EN ESPAÑOL
Servicios editoriales: Cillero & de Motta
Traducción: Elena Aranaz, Raquel Gracia y Claudia Itzkowich
Coordinación de proyecto: Lakshmi Asensio
Dirección editorial: Elsa Vicente

Publicado por Dorling Kindersley Limited
20 Vauxhall Bridge Road, SW1V 2SA
Londres, Reino Unido

Parte de Penguin Random House

DE LA EDICIÓN FRANCESA ORIGINAL

Título original: J'apprends à cuisiner: Les recettes asiatiques
Texto: Orathay Souksisavanh
Fotografías: Pierre Javelle
Revisión: Élise Peylet y Agathe Lauriot
Composición y maquetación: Jérôme Cousin y Nicolas Galy

Primera edición: 2025
003-350738-Oct/2025

ISBN: 979-8-2171-2998-0
Impreso y encuadernado en China
www.dkespañol.com

Este libro se ha impreso con papel certificado por el Forest Stewardship Council™ como parte del compromiso de DK por un futuro sostenible. Para más información, visita **www.dk.com/uk/information/sustainability/**